성서 이해와 적용

민수기 큐티 I

영지 이해와 적용

성서 이해와 적용

민수기 큐티 I

저자 이미자

서 문

본서는 출애굽한 이스라엘 백성이 가나안 땅으로 들어가기까지 광야 40년의 여정을 다루고 있습니다. 특히 이스라엘 백성이 광야에서 하나님으로부터 율법, 즉 계명(도덕법), 율례(종교법), 법도(사회법)를 받았는데, 여기에는 신앙생활의 방향과 영적인 여러 의도가 있고, 또 여기에는 죄지은 자가 피할 수 없는 징벌에서, 불신앙에 대한 경고를 발견할 수 있습니다.

더욱이 민수기에서 나타난 긍정과 부정의 모든 사건은 주 하나님을 믿는 성도들의 삶에서 만날 수 있는 사례로 교훈과 경각심을 불러일으킬 수 있습니다.

그래서 필자인 저의 바람은 '본서의 큐티가 독자들의 신앙생활을 위한 이정표가 되었으면······.' 하고 소망합니다.

끝으로 본서 큐티를 집필하도록 영성과 건강과 은혜를 베풀어 주신 하나님께 감사와 찬양과 영광을 돌립니다. 또 본서 큐티가 출간되기까지 기도와 재정으로 후원해 주신 여러 성도와 '보명C&I' 대표님께 깊은 감사를 드립니다.

이내자 목사

차 례

1장 첫 번째 인구조사 ——————————————— 1

2장 각 지파의 배치 ——————————————— 26

3장 레위인의 임무와 이스라엘 장자들의 속전 ——— 46

4장 레위 각 가문의 직무 ————————————— 64

5장 진영의 정결과 의심법 ———————————— 94

6장 나실인에 관한 규례와 백성을 향한 제사장의 축복 선언
——————————————————————— 114

7장 성막 봉헌에 따른 예물 ———————————— 136

민수기

시내 산에서부터 가나안 건너편 모압 평지까지 이스라엘 백성의 긴 광야 여정을 기록한 책이다. 이 여정 동안 이스라엘 민족은 온갖 시험과 고난을 당하면서 자신들의 한계를 드러냈고, 지도자 아론과 미리암, 심지어 모세까지도 실수함으로써 징계를 받게 된다. 결국 하나님만 완전하시고, 그분을 의지하는 것만이 살길임을 밝혔다.

▍본서의 제목(명칭)과 유래

본서는 여러 가지 이름 중에서 '베미드바르'라는 제목을 사용했다. 이 제목은 본서의 첫 행에서 따온 것으로 책의 내용을 시사하는 '광야에서'라는 뜻을 지니고 있다. 특히 '민수기'란 구약의 헬라어 역본인 70인 역의 명칭 '숫자들'('아리트모이')이란 뜻에서 유래했다.

▍저자

본서의 저자는 오경을 기록한 모세이다.

▍기록 연대

B.C. 1440-1400년경으로, 출애굽 제2년(시내 산) ~ 출애굽 제40년(모압평지)까지다.

▌기록 목적

출애굽한 이스라엘 자손의 목적지는 약속의 가나안 땅이었다. 하지만 백성이 불순종하여 출애굽 제2년에 들어갈 수 있었던 가나안 땅에 들어갈 수 없게 되었고, 신앙이 단련되기까지, 출애굽 제40년까지 지연되었다. 따라서 본서는 가나안 땅, 즉 천국을 소망하는 자마다 불평과 불신앙의 낡은 옷을 벗어버리고 믿음과 순종으로써 재무장해야 한다는 동기를 주고자 했다.

▌본서의 특징

출애굽 이후 이스라엘 자손의 광야 여정에 대한 기록이 시내 산에서 율법을 받음으로 인해 중단되었지만(출 19장), 본서에서 다시 시작된다. 즉 시내 산과 모압 평지에서 두 차례 인구조사를 기록함으로 이스라엘이라는 나라의 실질적인 태동을 밝히고, 또 그들의 규모가 어느 정도였는지를 확인시키고 있다.

한편 본서는 40년 동안의 긴 방황이 이스라엘 자손들의 죄악 때문임을 지적하고 있다. 그렇지만 백성의 긴 방황에는 죄에 대한 징계뿐만 아니라 하나님의 은혜가 면면히 흐르고 있다. 그리하여 이스라엘이 광야 40년 동안 온갖 시련이 있었음에도 신정국가로서 군사적, 사법, 행정적, 종교적으로 체계화됨으로써 명실공히 하나의 독립된 국가로 탄생하고 있음을 보여준다.

1장
첫 번째 인구조사

서론

출애굽한 이스라엘 백성이 약 1년간 머물던 시내 산을 출발하기 전 하나님의 명령으로 인구조사를 했다. 특히 광야 여정을 효율적으로 진행하고 가나안 정복 전쟁을 효과적으로 수행하기 위한 군대로의 개편을 목적으로 하였다.

> "이스라엘 자손이 애굽 땅에서 나온 후 둘째 해 둘째 달 첫째 날에 여호와께서 시내 광야 회막에서 모세에게 말씀하여 이르시되 너희는 이스라엘 자손의 모든 회중 각 남자의 수를 그들의 종족과 조상의 가문에 따라 그 명수대로 계수할지니"
>
> ──── 민 1:1-2

1-2절 | 회막에서의 명령과 이십 세 이상의 남자의 계수

하나님께서는 출애굽한 이스라엘 백성을 광야로 인도하시고, 그들이 생계를 유지할 수 있도록 하늘에서 만나를 내려 주셨다. 또 하나님께서는 모세를 통해서 백성이 천국 시민의 합당한 삶을 위해 말씀을 주셨다. 특히 하나님께서는 백성의 출애굽 제2년 2월, 즉 이스라엘

성서 이해와 적용 – 민수기

건국 제 2년이 가까이 다가올 무렵 백성과의 만남을 위해 계시하신 성막의 건립을 마치게 하셨다.

한편 모세는 광야에 회막(성막)이 건립된 지 한 달 후(출 40:2, 17)에 여호와 하나님으로부터 싸움에 나갈 만한 20세 이상인 남자를 계수하도록 명령을 받는다. 그런데 '민수기'에 나타난 광야에서의 이스라엘 백성의 여정은 구원받은 성도들이 세상에서 겪을 수 있는 여러 사례의 그림자라고 볼 수 있다. 그렇다면 본문에서 모세가 회막(성막)에서 명령을 받은 것과 하나님께서 모세에게 20세 이상인 남자를 계수한 사례에서 적용되는 신앙은 무엇일까?

회막, 즉 성막은 오늘날 성도들이 공식적으로 주 하나님께 나아가는 교회이다. 그런데 모세가 이렇게 뜻깊은 회막에서 가나안 정복사업을 위한 인구조사에 대한 명령을 받았다.

따라서 하나님의 명령, 즉 특별하게 나타내시는 주의 명령과 주의 인도를 소망하는 성도마다 주께서 성도를 만나주시는 공식적인 장소인 교회를 소중하게 여기고, 그곳에서의 공식적인 예배와 기도가 일상이 되게 해야 할 것이다(시 73:16-17; 마 18:20).

또 본문의 인구조사는 가나안 정벌을 위해 이루어졌다. 가나안이 천국의 모형이란 점에서 그곳을 향해 진행하는 자들이 군사로 쓰임 받기 위해 계수되었다는 것은 영예로운 일이다.

따라서 천성을 향해 가는 우리는 하나님의 군사로 계수되었다는 점을 간과하지 말고, 신앙을 세우기 위한 분투를 잊지 말아야 할 것이다.

첫 번째 인구조사 | 01

"너희는 이스라엘 자손의 모든 회중 각 남자의 수를 그들의 종족과 조상의 가문에 따라 그 명수대로 계수할지니 이스라엘 중 이십 세 이상으로 싸움에 나갈 만한 모든 자를 너와 아론은 그 진영별로 계수하되 각 지파의 각 조상의 가문의 우두머리 한 사람씩을 너희와 함께 하게 하라 너희와 함께 설 사람들의 이름은 이러하니 르우벤 지파에서는 스데울의 아들 엘리술이요 시므온 지파에서는 수리삿대의 아들 슬루미엘이요 유다 지파에서는 암미나답의 아들 나손이요 잇사갈 지파에서는 수알의 아들 느다넬이요 스불론 지파에서는 헬론의 아들 엘리압이요 요셉의 자손들 중 에브라임 지파에서는 암미훗의 아들 엘리사마요 므낫세 지파에서는 브다술의 아들 가말리엘이요 베냐민 지파에서는 기드오니의 아들 아비단이요 단 지파에서는 암미삿대의 아들 아히에셀이요 아셀 지파에서는 오그란의 아들 바기엘이요 갓 지파에서는 드우엘의 아들 엘리아삽이요 납달리 지파에서는 에난의 아들 아히라이니라 하시니 그들은 회중에서 부름을 받은 자요 그 조상 지파의 지휘관으로서 이스라엘 종족들의 우두머리라 모세와 아론이 지명된 이 사람들을 데리고 둘째 달 첫째 날에 온 회중을 모으니 그들이 각 종족과 조상의 가문에 따라 이십 세 이상인 남자의 이름을 자기 계통별로 신고하매 여호와께서 모세에게 명령하신 대로 그가 시내 광야에서 그들을 계수하였더라 이스라엘의 장자 르우벤의 아들들에게서 난 자를 그들의 종족과 조상의 가문에 따라 이십 세 이상으로 싸움에 나갈 만한 각 남자를 그 명수대로 다 계수하니 르우벤 지파에서 계수된 자는 사만 육천오백 명이었더라 시므온의 아들들에게서 난 자를 그들의 종족과 조상의 가문에 따라 이십 세 이상으로 싸움에 나갈 만한 각 남자를 그 명수대로 다 계수하니 시므온 지파에서 계수된 자는 오만 구천삼백 명이었더라 갓의 아들들에게서 난 자를 그들의 종족과 조상의 가문에 따라 이십 세 이상으로 싸움에 나갈 만한 자를 그 명수대로 다 계수하니 갓 지파에서 계수된 자는 사만 오천육백오십 명이었더라 유다의 아들들에게서 난 자를 그들의 종족과 조

성서 이해와 적용 – 민수기

상의 가문에 따라 이십 세 이상으로 싸움에 나갈 만한 자를 그 명수대로 다 계수하니 유다 지파에서 계수된 자는 칠만 사천육백 명이었더라 잇사갈의 아들들에게서 난 자를 그들의 종족과 조상의 가문에 따라 이십 세 이상으로 싸움에 나갈 만한 자를 그 명수대로 다 계수하니 잇사갈 지파에서 계수된 자는 오만 사천사백 명이었더라 스불론의 아들들에게서 난 자를 그들의 종족과 조상의 가문에 따라 이십 세 이상으로 싸움에 나갈 만한 자를 그 명수대로 다 계수하니 스불론 지파에서 계수된 자는 오만 칠천사백 명이었더라 요셉의 아들 에브라임의 아들들에게서 난 자를 그들의 종족과 조상의 가문에 따라 이십 세 이상으로 싸움에 나갈 만한 자를 그 명수대로 다 계수하니 에브라임 지파에서 계수된 자는 사만 오백 명이었더라 므낫세의 아들들에게서 난 자를 그들의 종족과 조상의 가문에 따라 이십 세 이상으로 싸움에 나갈 만한 자를 그 명수대로 다 계수하니 므낫세 지파에서 계수된 자는 삼만 이천이백 명이었더라 베냐민의 아들들에게서 난 자를 그들의 종족과 조상의 가문에 따라 이십 세 이상으로 싸움에 나갈 만한 자를 그 명수대로 다 계수하니 베냐민 지파에서 계수된 자는 삼만 오천사백 명이었더라 단의 아들들에게서 난 자를 그들의 종족과 조상의 가문에 따라 이십 세 이상으로 싸움에 나갈 만한 자를 그 명수대로 다 계수하니 단 지파에서 계수된 자는 육만 이천칠백 명이었더라 아셀의 아들들에게서 난 자를 그들의 종족과 조상의 가문에 따라 이십 세 이상으로 싸움에 나갈 만한 자를 그 명수대로 다 계수하니 아셀 지파에서 계수된 자는 사만 천오백 명이었더라 납달리의 아들들에게서 난 자를 그들의 종족과 조상의 가문에 따라 이십 세 이상으로 싸움에 나갈 만한 자를 그 명수대로 다 계수하니 납달리 지파에서 계수된 자는 오만 삼천사백 명이었더라 이 계수함을 받은 자는 모세와 아론과 각기 이스라엘 조상의 가문을 대표한 열두 지휘관이 계수하였더라 이같이 이스라엘 자손이 그 조상의 가문을 따라 이십 세 이상으로 싸움에 나갈 만한 이스라엘 자손이 다 계수되었으니 계수된 자의 총계는 육십만 삼천오백오십 명이었더라 그러나 레위인은 그들의 조상의 지파대로 그 계수에 들지 아니하였으니 이는 여호와께서 모세에게 말씀하여 이르시되 너는 레위 지파만은 계수하지 말며 그들을 이스라엘 자손 계수 중에 넣지 말고 그들에게 증거의 성막과 그 모든 기구와 그 모든 부속품을 관리하게 하라 그들은 그 성막과 그 모든 기구를 운반하며 거기서 봉사하며 성막 주위에 진을 칠지며 성막을 운반할 때에는 레위인이 그것을 걷고 성막을 세울 때에는 레위인이 그것을 세울 것이요 외인이 가까이 오면 죽일지며 이스라엘 자손은 막사를 치되 그 진영별로 각각 그 진영과 군기 곁에 칠 것이나 레위인은 증거의 성막 사방에 진을 쳐서 이스라엘 자손의 회중에게 진노가 임하지 않게 할 것이라 레위인은 증거의 성막에 대한 책임을 지킬지니라 하셨음이라 이스라엘 자손이 그대로 행하되 여호와께서 모세에게 명령하신 대로 행하였더라"

―――――――――――――――――― 민 1:2-54

2-54절   인구조사에서 투영된 복음의 의미

본장에서는 광야에서 이루어진 두 번째 인구조사다. 본문에서의 두 번째 인구조사는 가나안 정벌을 위한 효율적인 군대 편성을 위한 것이다. 하지만 첫 번째 광야에서 이루어진 인구조사는 20세 이상의 모든 남자가 하나님의 백성에 속하기 위해 속전을 지불하게 하려는 것이었다(출 38:26).

한편 '속전'이란 생명을 대신해서 바치는 벌금이나 부과금(출 21:30), 남의 가축이나 물건을 훼손했을 때(출 22:10-12), 종으로 팔린 친척을 되찾아 올 때 사용되는 돈(레 19:20), 전자의 두 가지 경우에는 율법이 정하는 배상금이었으며, 후자의 경우에는 가장 가까운 친

성서 이해와 적용 – 민수기

척에게 그 책임이 있었다. 신약에서 이 용어는 백성의 구원을 위한 생명의 속전, 즉 자기 백성의 대속을 위해 십자가에서 돌아가신 예수 그리스도에 대한 예표로 나타난다(막 10:45; 딤전 2:6).

그런데 이스라엘 백성은 누구나 생명의 속전을 드려야 하는 의무가 있었는데, 이는 각 사람에게 재앙이 임하지 않게 하기 위함이었다(출 30:11-16). 그러니까 하나님의 백성 된 자와 속전은 불가분의 관련이 있다. 그렇다면 광야에서 속전과 관련 있는 인구조사와 본문에서의 가나안 전쟁을 위한 인구조사에서 투영되는 복음의 의미는 무엇일까?

> 광야를 지나고 이스라엘 백성은 하나님의 성민이다. 그런데 그들은 유월절 어린양의 피로 구원을 받았다. 여기서 유월절 어린양은 십자가에서 인류의 대속을 이루신 예수 그리스도에 대한 예표다. 그리하여 속전과 관련한 인구조사는 십자가에서 백성의 구원을 위한 속전이 되신 그리스도를 믿는 신앙의 공동체 교회를 투영하였다.
>
> 또 예수 그리스도께서는 제자들에게 당신을 좇고자 하는 자들에게 희생을 감수하고 분투하라고 말씀하셨다(막 8:34-38; 10:29-31). 그리하여 가나안이 천국의 모형이란 점에서 가나안 전쟁을 위한 인구조사에서는 천국을 약속받은 자들에게 부여된 의무, 즉 주의 뜻을 좇아 분투해야 하는 성도의 의무에 대해 투영하였다.
>
> 따라서 성도 된 우리는 구원을 위한 그리스도의 대속을 믿는 신앙을 전제로, 마땅히 진리를 좇고자 분투해야 할 것이다.

첫 번째 인구조사 | 01

"이스라엘 중 이십 세 이상으로 싸움에 나갈 만한 모든 자를 너와 아론은 그 진영별로 계수하되"

―――――――――――――――――― 민 1:3

3절 주께 합당한 군사

당시 군 복무를 위한 병사의 자격은 본문 말씀과 같이 남자로서 이십 세 이상이 되어야 했다. 이때 계수된 자, 즉 병사의 자격을 갖춘 자는 603,550명이었다(민 1:45-46). 하지만 제사장이나 레위인(민 1:47-48), 집을 짓고 낙성식을 하지 못한 자(신 20:5), 포도원을 만들고 과실을 먹지 못한 자(신 20:6), 여자와 약혼하고 그를 취하지 못한 자(신 20:7), 두려워서 마음에 겁내는 자(신 20:8), 또 신체적 허약자, 맹인, 불구자, 만성병 환자들은 누구든지 나이를 불문하고 군 복무에서 제외되었다. 그래서 결격 사유가 없는 자들이 군 복무에 합당한 자들로 계수된 것이다. 그렇다면 군 복무에 계수된 자들이 영적인 전사들의 요건이 된다고 했을 때, 어떻게 준비하는 것이 합당한 주의 군사일까?

이스라엘 백성은 전쟁에 대한 주권이나 승패의 결과는 하나님께 있다고 믿었다. 그래서 그들은 전쟁을 성전으로 이해하였다(삼상 17:47).

한편 본문에서 이십 세 이상의 남자들이 가나안 정벌, 즉 가나안 성전을 위해 계수되었다. 그런데 이십 세 이상의 계수된 자들은 연령 뿐만 아니라 문제에서와 같이 요건을 갖추어야 했다. 즉 문제에서의 요건 중 신명기 20:5-7은 인권에 대한 존중

성서 이해와 적용 – 민수기

의 측면이 있다. 하지만 육신적인 미련이 성전에 걸림돌이 될 수가 있기 때문에 경계하여 군복무에서 제외하였다. 이는 주의 군사로서의 준비가 온전한 신앙에 있음을 가리킨다.

또 문제에서의 요건 중 하나인 신명기 20:8은 주의 군사는 마땅히 담대한 신앙으로 준비되도록 하였다. 이는 주의 군사 된 자는 성령의 능력을 힘입어 혈과 육의 싸움이 아닌 영적 전쟁의 전사들인 까닭에 마땅히 담대한 신앙으로 준비되어야 했다.

또 문제에서의 요건 중 하나는 신체적으로 건강한 자들이어야 했다. 이는 신체적인 불구자가 자유롭게 군복무를 감당할 수 없다는 측면도 있지만 이보다 앞서 영적인 허약자, 맹인, 불구자, 만성병이란 측면은 영적 전쟁, 즉 성전을 수행할 수 없다는 점에서 성전을 위해 계수된 자들은 반드시 건강으로 준비되어야 했다.

따라서 신앙의 분투를 위해 계수된 우리는 본문에서 제시된 요건이 영적인 측면에서 가장 합당하도록 훈련하고, 새로워지도록 준비하고, 나아가 승리해야 할 것이다.

첫 번째 인구조사 | 01

> "각 지파의 각 조상의 가문의 우두머리 한 사람씩을 너희와 함께 하게 하라 너희와 함께 설 사람들의 이름은 이러하니 르우벤 지파에서는 스데울의 아들 엘리술이요 시므온 지파에서는 수리삿대의 아들 슬루미엘이요 유다 지파에서는 암미나답의 아들 나손이요 잇사갈 지파에서는 수알의 아들 느다넬이요 스불론 지파에서는 헬론의 아들 엘리압이요 요셉의 자손들 중 에브라임 지파에서는 암미훗의 아들 엘리사마요 므낫세 지파에서는 브다술의 아들 가말리엘이요 베냐민 지파에서는 기드오니의 아들 아비단이요 단 지파에서는 암미삿대의 아들 아히에셀이요 아셀 지파에서는 오그란의 아들 바기엘이요 갓 지파에서는 드우엘의 아들 엘리아삽이요 납달리 지파에서는 에난의 아들 아히라이니라 하시니 그들은 회중에서 부름을 받은 자요 그 조상 지파의 지휘관으로서 이스라엘 종족들의 우두머리라"
>
> ──────────────── 민 1:4-16

4-16절 | 본문에 기록된 가문의 우두머리와 생명책에 기록된 이름의 영적인 전망

본문에는 레위 지파를 제외한 각 지파의 가문의 우두머리들의 이름이 기록되어 있다. 즉 르우벤, 시므온, 유다, 잇사갈, 스불론, 에브라임, 므낫세, 베냐민, 단, 아셀, 갓, 납달리 지파의 가문의 우두머리의 이름이 기록되어 있다. 그런데 이스라엘 지파의 가문의 우두머리 이름보다 더 원대한 만백성의 이름이 기록된 하나님의 책, 즉 생명책이 있다. 여기서 '생명책'이란 하나님의 은혜로 구원받은 자들의 이름이 기록되어 있는 하늘의 책이다. 이 말은 '생명이 있는 자들의 책'이란 뜻으로 그 책에는 생명을 얻은 자들의 이름과 특권 등이 기록되어 있다(출 32:32- 33; 시 139:16; 사 4:3; 말 3:16; 계 21:26-27). 그렇다면

성서 이해와 적용 – 민수기

본문에 기록된 가문의 우두머리와 생명책에 기록된 이름의 영적인 전망은 무엇일까?

> 하나님께서는 본문에서 가나안 성전을 위한 군대를 계수하시면서 각 지파의 가문의 우두머리의 이름을 기록하게 하셨다. 이는 교회 조직에 있어서 일반 성도보다 더 큰 헌신의 사명을 맡은 자들의 전망이다. 또 생명책에 기록된 자들은 주의 대속을 믿고, 구원받은 자들에 대한 이름들이다. 이리하여 '생명책에 기록된 자들'이란 보편적인 구원의 전망이고, '각 지파의 가문의 우두머리'란 보편적인 은혜 위에 특별한 은혜가 더해져서 보다 큰 사명 맡은 자의 전망이다. 특히 하나님의 책에는 상급 받을 자들에 대한 충성의 자취가 기록되어 있다.
> 따라서 성도는 본문의 이름의 기록에서 현세에서 받을 복 뿐만 아니라 미래에 다가올 상급을 염두에 두고 충성의 행적이 기록되게 해야 할 것이다.

> "둘째 달 첫째 날에 온 회중을 모으니 그들이 각 종족과 조상의 가문에 따라 이십 세 이상인 남자의 이름을 자기 계통별로 신고하매"
> ──────────── 민 1:18

18절 다윗 시대의 인구조사와 본문의 인구조사의 성격상의 차이점

인구가 분산되어 있었던 다윗 시대에서는 거의 10개월 가까이 실시되었다(삼하 24:1-9). 하지만 본문의 인구조사는 몇 가지 연유에서 하

첫 번째 인구조사 | 01

나님께서 명령하신 당일에 마쳤다(1, 18절). 이는 당시 백성이 한곳에 모여 있었고, 본문의 인구조사 이전에 이미 한 번 실시된 바 있었고 (출 30:11, 12; 출 38:26), 하나님에 대한 백성의 의무감이 강해지기도 하였다.

한편 본문의 인구조사가 당일에 순탄하게 이루진 것과 비해 다윗 시대에 10개월 가까이 이루어진 인구조사는 우연한 것이 아니다. 즉 인구조사의 성격과 무관하지 않다. 그렇다면 다윗 시대의 인구조사와 본문의 인구조사의 성격상의 차이점은 무엇일까?

> 다윗은 하나님께서 함께하시므로 많은 전쟁에서 승전할 수가 있었고, 부국강병을 실현할 수 있게 되었다. 하지만 그는 강대한 나라를 이루었을 때보다 겸손하고 하나님께 대한 감사보다 거기에 만족하지 않고 끊임없는 욕망과 과시욕에 사로잡혔다. 그리하여 그는 자기 영예를 위해 하나님께서 명령하지 아니한 인구조사를 하게 된다(삼하 24:1-9).
>
> 한편 본문의 인구조사는 하나님께서 모세에게 명령한 것으로 가나안 성전을 위한 것이었다. 그리하여 다윗 시대의 인구조사 기간이 아홉 달 이십 일 동안이나 소요된 것과(삼하 24:3, 8) 본문의 인구조사가 당일에 마쳐진 것은 하나님의 뜻과 인간의 욕망에서 비롯되었다는 점에서 성격상 차이가 있다. 즉 하나님께서 본문에서의 인구조사를 명령하셨기 때문에 순탄하게 인도해 주신 측면이 있었다고 봐야 한다.
>
> 따라서 우리는 무엇을 하든지 우리의 욕망이 아닌 신앙의 발로에서 순종해야 할 것이다.

성서 이해와 적용 - 민수기

"이스라엘의 장자 르우벤의 아들들에게서 난 자를 그들의 종족과 조상의 가문에 따라 이십 세 이상으로 싸움에 나갈 만한 각 남자를 그 명수대로 다 계수하니 르우벤 지파에서 계수된 자는 사만 육천 오백 명이었더라 시므온의 아들들에게서 난 자를 그들의 종족과 조상의 가문에 따라 이십 세 이상으로 싸움에 나갈 만한 각 남자를 그 명수대로 다 계수하니 시므온 지파에서 계수된 자는 오만 구천 삼백 명이었더라 갓의 아들들에게서 난 자를 그들의 종족과 조상의 가문에 따라 이십 세 이상으로 싸움에 나갈 만한 자를 그 명수대로 다 계수하니 갓 지파에서 계수된 자는 사만 오천육백오십 명이었더라 유다의 아들들에게서 난 자를 그들의 종족과 조상의 가문에 따라 이십 세 이상으로 싸움에 나갈 만한 자를 그 명수대로 다 계수하니 유다 지파에서 계수된 자는 칠만 사천육백 명이었더라 잇사갈의 아들들에게서 난 자를 그들의 종족과 조상의 가문에 따라 이십 세 이상으로 싸움에 나갈 만한 자를 그 명수대로 다 계수하니 잇사갈 지파에서 계수된 자는 오만 사천사백 명이었더라 스불론의 아들들에게서 난 자를 그들의 종족과 조상의 가문에 따라 이십 세 이상으로 싸움에 나갈 만한 자를 그 명수대로 다 계수하니 스불론 지파에서 계수된 자는 오만 칠천사백 명이었더라 요셉의 아들 에브라임의 아들들에게서 난 자를 그들의 종족과 조상의 가문에 따라 이십 세 이상으로 싸움에 나갈 만한 자를 그 명수대로 다 계수하니 에브라임 지파에서 계수된 자는 사만 오백 명이었더라 므낫세의 아들들에게서 난 자를 그들의 종족과 조상의 가문에 따라 이십 세 이상으로 싸움에 나갈 만한 자를 그 명수대로 다 계수하니 므낫세 지파에서 계수된 자는 삼만 이천이백 명이었더라 베냐민의 아들들에게서 난 자를 그들의 종족과 조상의 가문에 따라 이십 세 이상으로 싸움에 나갈 만한 자를 그 명수대로 다 계수하니 베냐민 지파에서 계수된 자는 삼만 오천사백 명이었더라 단의 아들들에게서 난 자를 그들의 종족과 조상의 가문에 따라 이

첫 번째 인구조사 | 01

십 세 이상으로 싸움에 나갈 만한 자를 그 명수대로 다 계수하니 단 지파에서 계수된 자는 육만 이천칠백 명이었더라 아셀의 아들들에게서 난 자를 그들의 종족과 조상의 가문에 따라 이십 세 이상으로 싸움에 나갈 만한 자를 그 명수대로 다 계수하니 아셀 지파에서 계수된 자는 사만 천오백 명이었더라 납달리의 아들들에게서 난 자를 그들의 종족과 조상의 가문에 따라 이십 세 이상으로 싸움에 나갈 만한 자를 그 명수대로 다 계수하니 납달리 지파에서 계수된 자는 오만 삼천사백 명이었더라"

―― 민 1:20-43

20-43절 유다의 인격에서 나타난 긍정적인 측면

본문에서 각 지파를 계수한 결과 유다 지파의 수효가 가장 많았다. 즉 유다 지파는 베냐민과 므낫세 지파의 배 이상이었고 다른 지파보다 거의 1만 2천 명이나 더 많았다. 그리하여 어느 지파보다 수효가 많고 강한 유다 지파는 광야를 행진할 때에도 선두에서 인도하는 중책을 맡았다. 그런데 유다 지파가 번성한 것은 우연이 아닌 필연이었다. 즉 유다 지파의 축복은 이스라엘의 조상 야곱으로부터 예언된 바 있다(창 49:8-11).

한편 하나님께서 분명 야곱의 아들 유다에게 은혜를 더하시고 복을 주셨다. 그렇지만 이 또한 우연이 아니었다. 유다를 위한 야곱의 축복 기도가 있기까지 유다는 긍정적인 면모를 갖추었다(창 43:9; 44:14-34). 그렇다면 유다의 인격에서 나타난 긍정적인 측면은 어떤 것이었을까?

성서 이해와 적용 - 민수기

유다는 책임감이 강한 인격의 소유자였다(창 43:9; 44:32- 34). 또 유다는 아버지에 대한 효심이 지극하였다(창 44:16; 20, 27-31). 또 유다는 희생정신이 탁월하였다(창 44:33-34).

한편 야곱은 임종에 이르러 열두 아들과 열두 지파의 미래를 예언하였다. 그런데 야곱의 예언은 열두 아들의 행적과 무관하지 않다. 특히 유다는 "형제들의 찬송이 될지라 네 손이 네 원수의 목을 잡을 것이요 네 아버지의 아들들이 네 앞에 절하리로다"(49:8)라고 예언하였다. 이는 유다 후손들이 이스라엘의 왕권을 가진 자로서 적들을 정복하리라는 예언인데, 다윗과 솔로몬의 치세에서 찬란하게 성취되었다. 또 "유다는 사자 새끼로다"라고 예언했는데(창 49:9), 이는 유다 지파의 다윗 왕이 수행한 정복사업에 대한 예언이고, 유다 자손 중 메시야가 나타나서 원수들을 멸망시킬 것에 대한 예언이다.

또 "규가 유다를 떠나지 아니하며"라고 하였다(창 49:10). 이는 영원한 유다 왕권과 나아가 메시야 왕권으로 승화될 것에 대한 예언이다(마 1:2-3; 눅 3:33). 이스라엘의 한 지파에 불과했던 유다 지파가 하나님의 구속 역사 중심부에 출현하여 선민의 대명사가 될 수 있었던 것은 그 가문에서 메시야가 출현하였기 때문이다. 하나님께서는 유다의 적은 충성을 받으시고 이같이 영화로운 은혜를 더하신 것이다.

따라서 하나님께 영광을 돌리고, 좋은 날 보기를 소망하는 우리는 무엇으로 심든지 그대로 거둔다는 사실을 인지하고(갈 6:7), 하나님 앞에서의 삶같이 항상 진리를 좇아야 할 것이다.

첫 번째 인구조사 | 01

"이스라엘의 장자 르우벤의 아들들에게서 난 자를 그들의 종족과 조상의 가문에 따라 이십 세 이상으로 싸움에 나갈 만한 각 남자를 그 명수대로 다 계수하니 르우벤 지파에서 계수된 자는 사만 육천오백 명이었더라 시므온의 아들들에게서 난 자를 그들의 종족과 조상의 가문에 따라 이십 세 이상으로 싸움에 나갈 만한 각 남자를 그 명수대로 다 계수하니 시므온 지파에서 계수된 자는 오만 구천삼백 명이었더라 갓의 아들들에게서 난 자를 그들의 종족과 조상의 가문에 따라 이십 세 이상으로 싸움에 나갈 만한 자를 그 명수대로 다 계수하니 갓 지파에서 계수된 자는 사만 오천육백오십 명이었더라 유다의 아들들에게서 난 자를 그들의 종족과 조상의 가문에 따라 이십 세 이상으로 싸움에 나갈 만한 자를 그 명수대로 다 계수하니 유다 지파에서 계수된 자는 칠만 사천육백 명이었더라 잇사갈의 아들들에게서 난 자를 그들의 종족과 조상의 가문에 따라 이십 세 이상으로 싸움에 나갈 만한 자를 그 명수대로 다 계수하니 잇사갈 지파에서 계수된 자는 오만 사천사백 명이었더라 스불론의 아들들에게서 난 자를 그들의 종족과 조상의 가문에 따라 이십 세 이상으로 싸움에 나갈 만한 자를 그 명수대로 다 계수하니 스불론 지파에서 계수된 자는 오만 칠천사백 명이었더라 요셉의 아들 에브라임의 아들들에게서 난 자를 그들의 종족과 조상의 가문에 따라 이십 세 이상으로 싸움에 나갈 만한 자를 그 명수대로 다 계수하니 에브라임 지파에서 계수된 자는 사만 오백 명이었더라 므낫세의 아들들에게서 난 자를 그들의 종족과 조상의 가문에 따라 이십 세 이상으로 싸움에 나갈 만한 자를 그 명수대로 다 계수하니 므낫세 지파에서 계수된 자는 삼만 이천이백 명이었더라 베냐민의 아들들에게서 난 자를 그들의 종족과 조상의 가문에 따라 이십 세 이상으로 싸움에 나갈 만한 자를 그 명수대로 다 계수하니 베냐민 지파에서 계수된 자는 삼만 오천사백 명이었더라 단의 아들들에게서 난 자를 그들의 종족과 조상의 가문에 따라 이

성서 이해와 적용 – 민수기

십 세 이상으로 싸움에 나갈 만한 자를 그 명수대로 다 계수하니 단 지파에서 계수된 자는 육만 이천칠백 명이었더라 아셀의 아들들에게서 난 자를 그들의 종족과 조상의 가문에 따라 이십 세 이상으로 싸움에 나갈 만한 자를 그 명수대로 다 계수하니 아셀 지파에서 계수된 자는 사만 천오백 명이었더라 납달리의 아들들에게서 난 자를 그들의 종족과 조상의 가문에 따라 이십 세 이상으로 싸움에 나갈 만한 자를 그 명수대로 다 계수하니 납달리 지파에서 계수된 자는 오만 삼천사백 명이었더라"

― 민 1:20-43

20-43절 유다 지파가 맡은 중책

유다 지파는 인구조사 결과 모든 지파보다 수효가 가장 많았다. 즉 유다 지파는 베냐민과 므낫세 지파의 배 이상이었고 다른 지파보다 거의 일만 이천 명이나 더 많았다. 더욱이 예수 그리스도께서도 유다 지파에서 탄생하셨다(히 7:14-22). 이리하여 야곱이 축복한 본문에서 시작된 유다 지파에 대한 야곱의 예언은 유다 지파에서 그리스도께서 탄생하시므로 인해 더욱 분명하게 성취된다(창 49:8-11).

한편 모든 지파보다 수효가 많았던 유다는 광야에서 행진할 때 선두에서 인도하는 중책을 맡는다(민 2:9). 그런데 유다 지파의 중책은 모든 지파보다 수효가 많은 것과 무관하지 않다. 그렇다면 유다 지파가 맡은 중책에서 무엇을 큐티할 수 있을까?

유다 지파는 야곱이 예언한 대로 큰 복을 받았다.
한편 성민 이스라엘은 약속의 땅을 향해 진행하였다. 여기에

첫 번째 인구조사 | 01

> 야곱이 예언한 대로 큰 복을 받은 유다 지파가 백성의 광야 대열에서 선두에서 진행하는 중책을 맡는다. 이는 유다 지파의 영광이기도 하지만 동시에 위험한 상황이 된다. 성민의 선두주자라는 점에서 영광이지만 전쟁 등 위기의 상황에서 희생의 짐을 져야 하는 위험을 감수해야 한다. 그런데도 모든 지파보다 수효가 많은 유다 지파가 백성의 선두에서 진행하였다. 이는 많은 복을 받을수록 영예와 더불어 더 많은 희생을 감수하며 충성해야 한다는 것을 시사한다.
>
> 따라서 복을 사모하는 우리는 받을 복을 가지고 충성하며 희생하고자 하는 각오가 있어야 할 것이다.

"이스라엘의 장자 르우벤의 아들들에게서 난 자를 그들의 종족과 조상의 가문에 따라 이십 세 이상으로 싸움에 나갈 만한 각 남자를 그 명수대로 다 계수하니"

———— 민 1:20

20절 \ 본문에서 발견할 수 있는 두 가지 시사점

현재의 성도의 삶을 자취에서 성도의 미래를 예측할 수 있다. 이는 사람이 무엇으로 심든지 그대로 거두기 때문이다(갈라디아서 6:7).

한편 르우벤은 야곱의 장자였다. 하지만 그가 서모 빌하와 간통하므로 인해 장자권이 박탈되고, 장자처럼 아버지 야곱과 형제들을 섬긴 요셉에게 영적인 장자권이 돌아간다(대상 5:1-2). 그런데도 본문에서의 인구조사에서는 르우벤을 장자라고 기록하고 있다. 여기에서 우

성서 이해와 적용 - 민수기

리는 두 가지 시사점을 발견할 수가 있다. 그렇다면 본문에서 발견할 수 있는 두 가지 시사점은 무엇이 있을까?

> 첫째로, 축복의 섭리는 고정된 것이 아닌 유동적일 수 있다는 것이다. 그런데 축복의 섭리가 유동하는 연유는 축복의 수혜자에게 책임이 있다. 이 때문에 아버지의 침상을 더럽힌 장자 르우벤의 축복이 요셉에게로 돌아간 것이다.
> 둘째로, 본문의 인구조사에서 이스라엘의 장자, 즉 야곱의 장자를 르우벤이라고 기록하고 있는데, 이는 인구조사가 역사적인 사실이란 점을 시사한 것이다.
> 따라서 우리는 받은 축복을 지켜내고 선용할 줄 알아야 하고 형식적인 장자가 아닌 영적인 장자로서 주께 영광을 돌려야 할 것이다.

"요셉의 아들 에브라임의 아들들에게서 난 자를 그들의 종족과 조상의 가문에 따라 이십 세 이상으로 싸움에 나갈 만한 자를 그 명수대로 다 계수하니 에브라임 지파에서 계수된 자는 사만 오백 명이었더라 므낫세의 아들들에게서 난 자를 그들의 종족과 조상의 가문에 따라 이십 세 이상으로 싸움에 나갈 만한 자를 그 명수대로 다 계수하니 므낫세 지파에서 계수된 자는 삼만 이천이백 명이었더라"

———————————————————————— 민 1:32-35

첫 번째 인구조사 | **01**

32-35절 에브라임과 므낫세의 지위와 축복의 근거

요셉의 두 아들 에브라임과 므낫세는 기타 지파보다 항렬이 일대 낮다. 그런데도 에브라임과 므낫세는 야곱의 양자로서 그들의 삼촌인 르우벤과 시므온과 같은 지위를 차지한다(창 48:5). 더욱이 에브라임과 므낫세 두 지파를 합치면 유다 지파와 거의 같은 수에 이르렀다. 이는 창세기 49장에 나타난 요셉에 대한 야곱의 예언의 성취이다(창 49:22, 26). 그렇다면 에브라임과 므낫세의 지위와 축복은 무엇으로 가능했을까?

> 므낫세와 에브라임은 야곱의 손자이다. 그런데도 이들은 야곱의 양자로서 지위를 얻는다(창 48:5).
>
> 한편 야곱의 장자 르우벤은 아버지의 침상을 더럽힌 연고로 영적인 장자권이 야곱의 노년에 아버지와 형제들을 섬긴 요셉에게로 돌아간다. 그런데 장자는 아버지의 재산 중 두 몫의 분깃을 상속받을 권리가 있다. 이리하여 요셉의 아들 므낫세와 에브라임이 야곱의 양자로서 두 지파의 지위를 얻는다. 그런즉 에브라임과 므낫세의 지위와 축복은 요셉의 충성심의 결과, 축복이 자녀에게까지 확장된 사례인 동시에 하나님의 전적인 은혜로서 야곱의 예언의 성취이다(창 49:22).
>
> 따라서 축복의 계대와 하나님의 전적인 은혜를 소망하는 우리는 충성하는 신앙생활을 잃지 말아야 할 것이다.

성서 이해와 적용 - 민수기

> "요셉의 아들 에브라임의 아들들에게서 난 자를 그들의 종족과 조상의 가문에 따라 이십 세 이상으로 싸움에 나갈 만한 자를 그 명수대로 다 계수하니 에브라임 지파에서 계수된 자는 사만 오백 명이었더라 므낫세의 아들들에게서 난 자를 그들의 종족과 조상의 가문에 따라 이십 세 이상으로 싸움에 나갈 만한 자를 그 명수대로 다 계수하니 므낫세 지파에서 계수된 자는 삼만 이천이백 명이었더라"
>
> ─────────────────────────── 민 1:32-35

32-35절 에브라임 지파가 므낫세 지파보다 수효가 더 많은 연유

요셉의 장자는 므낫세요, 차자는 에브라임이다. 그런데 본문에서 에브라임 지파가 므낫세 지파보다 수효가 더 많았다. 그렇다면 동생인 에브라임이 형인 므낫세 지파보다 수효가 더 많은 연유는 어디에 있을까?

> 에브라임과 므낫세는 야곱의 양자로서 지위를 갖는다. 그런데 이 두 형제인 아버지인 야곱이 축복할 때 장자가 아버지의 재산 중 두 몫의 분깃을 상속받는 권리가 있음에도 형인 므낫세보다 동생인 에브라임에게 힘의 상징인 오른손을 얹고 기도하였다(창 48:14-20).
>
> 한편 이스라엘 족장 시대에 족장들을 예언자같이 사용하시고 그들의 기도를 성취하신 하나님께서는 본문에서도 족장인 야곱의 기도를 성취하셨다. 이는 에서와 야곱의 잉태에서부터 나타났듯이(창 25:19-26) 하나님의 특별한 섭리와 은혜로밖에 규정할 수 없다.

첫 번째 인구조사 | **01**

따라서 우리는 보편적인 진리뿐만 아니라 하나님의 주권적인 섭리와 은혜까지도 이 세상을 통치하시는 하나님의 수단이 된다는 사실을 깨닫고, 넓은 측면에서 영적인 세계를 바라볼 수 있어야 할 것이다.

"이 계수함을 받은 자는 모세와 아론과 각기 이스라엘 조상의 가문을 대표한 열두 지휘관이 계수하였더라 이같이 이스라엘 자손이 그 조상의 가문을 따라 이십 세 이상으로 싸움에 나갈 만한 이스라엘 자손이 다 계수되었으니 계수된 자의 총계는 육십만 삼천오백오십 명이었더라"

민 1:44-46

44-46절 | 레위 지파를 제외했음에도 레위 지파를 포함했을 때와 동일한 수효가 계수된 연유

본문에서 이십 세 이상 싸움에 나갈만한 자들이 계수함을 받았다. 그들의 수효는 603,550명이었다.

한편 본문에서는 레위 지파를 제외한 지파들이 계수함을 받았다. 하지만 본문의 시점에서 몇 날 전에 계수한 출애굽기 38:26절에서는 레위 지파를 포함하여 계수하였다. 그런데도 출애굽기에서 이십 세 이상 계수한 수효와 본문에서 계수한 수효가 동일하였다. 그렇다면 본문에서 레위 지파를 제외했음에도 레위 지파를 포함했을 때와 동일한 수효가 계수된 연유는 어디에 있을까?

성서 이해와 적용 – 민수기

레위 지파가 포함되었을 때와 제외되었을 때는 당연히 수효의 차이가 있어야 한다. 즉 레위 지파가 제외하고 계수하였다면 마땅히 레위 지파의 수효만큼 줄어들어야 한다. 하지만 레위 지파가 제외되었음에도 몇 달 전 레위 지파를 포함한 동일한 수효가 계수되게 하셨다(출 38:26). 이는 하나님의 간섭 아래 있었던 이스라엘 백성이 만나를 거둘 때에 적게 거두기도 하고 많이 거두기도 하였으나, 많이 거둔 자도 남음이 없고, 적게 거둔 자도 부족함이 없었듯이(출 16:17-18) 하나님께서 자기 백성에게 은혜 베풀어 주신 증거이다.

따라서 하나님의 간섭 아래 있는 우리는 항상 이성적인 측면보다 신앙을 좇는 지혜가 있어야 할 것이다.

"그러나 레위인은 그들의 조상의 지파대로 그 계수에 들지 아니하였으니 이는 여호와께서 모세에게 말씀하여 이르시되 너는 레위 지파만은 계수하지 말며 그들을 이스라엘 자손 계수 중에 넣지 말고 그들에게 증거의 성막과 그 모든 기구와 그 모든 부속품을 관리하게 하라 그들은 그 성막과 그 모든 기구를 운반하며 거기서 봉사하며 성막 주위에 진을 칠지며 성막을 운반할 때에는 레위인이 그것을 걷고 성막을 세울 때에는 레위인이 그것을 세울 것이요 외인이 가까이 오면 죽일지며 이스라엘 자손은 막사를 치되 그 진영별로 각각 그 진영과 군기 곁에 칠 것이나 레위인은 증거의 성막 사방에 진을 쳐서 이스라엘 자손의 회중에게 진노가 임하지 않게 할 것이라 레위인은 증거의 성막에 대한 책임을 지킬지니라 하셨음이라"
———————————————————— 민 1:47-53

첫 번째 인구조사 | 01

47-53절 | 레위인이 병역 의무를 면제받은 것의 암시

하나님께서는 레위 지파를 구별하시고 레위인만 회막(성막), 즉 증거막과 관련된 일체의 봉사를 하게 하셨다. 특히 레위인 외에 성막에 침범하는 자는 죽음의 벌을 면할 수가 없었다(출 19:21). 이 때문에 레위인은 증거막, 즉 성막 사면에 진을 치고, 레위 지파 외에 다른 지파 사람들이 접근하지 못하도록 조치하였다(민 3:5-10).

한편 레위인은 하나님에 대한 막중한 사명 감당을 위해, 즉 성막에서의 봉사를 위해 병역 의무가 면제되었다. 그런데 성막에서 하나님을 섬기도록 구별된 레위인이 병역의 의무가 면제되었다는 것은 신앙의 측면에서 볼 때 시사점이 크다. 그렇다면 레위인이 병역 의무를 면제받았다는 것은 무엇에 대한 암시가 될 수 있을까?

나라마다 대적이 나타날 때는 마땅히 그 대적들을 상대로 결전을 벌일 것이다. 그런데 전쟁은 인간의 전쟁뿐만 아니라 영적인 전쟁이 있다.

한편 전쟁의 승패는 영적인 활약 아래 하나님의 개입으로 결정된다. 예컨대 이스라엘을 기습한 아말렉과의 전쟁에서 모세와 아론과 훌의 영적인 활약이 결국 이스라엘을 승전하게 하였다(출 17:8-16). 그래서 하나님을 섬길 목적 아래 레위인에게 병역 의무를 면제한 것은 백성을 위한 하나님의 은혜로운 제도라고 봐야 한다. 더욱이 하나님께서는 언제 어디서나 항상 경배를 받으시기에 합당하시다. 또 하나님께서는 당신께 나아와 경배하는

성서 이해와 적용 – 민수기

> 자를 간섭하시고 승리의 삶으로 인도하신다. 이리하여 레위인이 병역 의무를 면제받았다는 것은 영적인 전쟁을 전제한 인간 사이의 전쟁과 하나님의 간섭만이 전쟁을 승전으로 인도하신다는 암시가 될 수 있다. 그래서 급박한 전시상태에서도 신앙 있는 자들은 주께 예배하고 기도하여 승전의 기적을 체험한다.
>
> 따라서 예배와 기도로 말미암은 하나님의 간섭을 믿는 우리는 중차대하고 위태로운 상황일수록 예배와 기도를 선행해야 할 것이다.

"이스라엘 자손은 막사를 치되 그 진영별로 각각 그 진영과 군기 곁에 칠 것이나"

민 1:52

52절 영적으로 좋은 군사

'기'는 헝겊이나 종이 등에 문자, 그림 부호 등을 그려 국가나 단체 등의 표상으로 사용한다. 또 '기'는 장식, 신호, 표지, 상징 등의 기능을 가지고 있으며, 특히 의지, 위력, 권위를 나타내기도 한다. 일반적으로 기를 내리는 것은 항복을 의미하며 반기는 조의를 표시하며, 기를 뉘었다가 재빨리 세우는 것은 경례의 형식이다.

성경에서 초기에는 천이 아니라 나무나 금속으로 만들어진 짐승과 새, 신들의 형상을 장대 끝에 매달았다(민 21:8-9). 이스라엘 백성들은 광야 여행 중에 열두 지파를 크게 세 지파씩 네 그룹으로 나누고, 그룹마다 큰 기 하나씩 지녔다(민 1:52; 2:2-3, 10, 18, 25).

첫 번째 인구조사 | 01

 모세는 아말렉과의 싸움에서 승리한 후 르비딤에 제단을 쌓고 '여호와는 나의 깃발'(여호와 닛시)이라고 불렀다(출 17:15). 본문에서 '기'는 군대를 상징한다. 또 여기서 '상징'이란 군대의 특성을 가리킨다. 이는 믿는 자들에게 부여된 분투의 신앙을 가리킨다. 그렇다면 그리스도의 공동체가 본문에서 '영적인 기'라고 했을 때, 영적인 기는 무엇에 대한 표상이며, 또 어떠한 사람을 가리켜 좋은 군사라고 할까?

> '영적인 기'의 표상은 그리스도다(마 16:16). 또 '좋은 군사'란 진리를 수용하고 지켜 행하기 위해 분투하는 십자가 군병들이다.
> 따라서 우리는 뒤로 물러서지 말고, 성령을 의지하여 십자가의 기치를 높이 들고, 신앙의 완성을 위한 투쟁을 지속해야 할 것이다.

2장
각 지파의 배치

서론

　이스라엘 백성은 지파에 따라 각각 그 기와 종족의 기호 곁에 진을 치되 성막(회막)을 사면으로 대하여 세 지파씩 그룹으로 나누어 진을 치도록 하였다. 특히 성막(회막)은 레위인의 진영과 함께 모든 지파 진영의 중앙에 배치하였고, 머물 때나 행진할 때나 중앙에서 벗어나지 않도록 했다. 이러한 회막 중심의 12지파 진영의 배치는 만왕의 왕이신 하나님 중심의 생활과 성도들에게 부여된 하나님의 중심의 삶에 대한 예표라고 볼 수 있을 것이다.

> "여호와께서 모세와 아론에게 말씀하여 이르시되 이스라엘 자손은 각각 자기의 진영의 군기와 자기의 조상의 가문의 기호 곁에 진을 치되 회막을 향하여 사방으로 치라"
> ― 민 2:1-2

1-2절　진영을 나눈 것과 기호 곁에 각 지파를 머물게 한 의도

　통상 성막을 회막이나 증거의 장막이라고 한다. 그런데 하나님께서

각 지파의 배치 | 02

는 이스라엘 자손에게 "각각 자기의 진영의 군기와 자기의 조상의 가문의 기호 곁에 진을 치되 회막을 향하여 사방으로 치라"라고 하셨다. 여기서 '자기의 진영의 군기'란 군대 깃발로 성막 주위 동서남북으로 4분 된 네 야영지를 표시한 것이고(3, 10, 18, 25절), 또 '기호'란 신호의 뜻으로, '군기'란 뜻에 앞서 '기'와 구분된 12지파를 표시하는 12깃발로, 대제사장의 흉패에 달린 12개의 보석 색상과 연관이 있었던 것으로 추정된다(출 28:17-21).

그런데 하나님께서는 진영을 나누시고 지파마다 기호를 가지도록 하셨고, 각 지파는 기치같이 동일한 기호를 세우고, 그 곁에 진을 치고 함께 머물도록 하였다. 특히 지파마다 기호가 다른 것과 지파 간에는 상호 관련이 있다. 그렇다면 진영을 나눈 것과 기호 곁에 각 지파를 머물게 한 의도는 어디에 있을까?

> 이스라엘 각 지파는 맡은 바 사명이 있었고, 각 지파는 맡은 바 사명이 달랐다. 그래서 그들은 사명 감당을 위해 결속을 다지고 신속하게 대처할 수 있어야 했다. 이 때문에 하나님께서는 각 지파가 진영을 군기와 자기의 조상의 가문에 기호 곁에 진을 치도록 한 것이다.
>
> 따라서 우리는 넓은 의미에서 함께 한 분 하나님을 섬긴다는 일체감과 좁은 의미에서 사명을 달리 주신 하나님의 뜻을 헤아리고, 피차 존중하며 교회의 지체로서 사명을 감당해야 할 것이다.

성서 이해와 적용 – 민수기

> "이스라엘 자손은 각각 자기의 진영의 군기와 자기의 조상의 가문의 기호 곁에 진을 치되 회막을 향하여 사방으로 치라"
> ———————————————————— 민 2:2

2절 성막을 중심으로 각 진영을 배치한 영적인 의도

성막은 물리적인 측면에서 하나님을 섬기는 성별된 곳일 뿐만 아니라 구름기둥과 불기둥의 하나님의 임재가 나타난 곳이었다.

한편 본문에서 이스라엘 공동체 열두 지파는 네 지파의 진영으로 나뉘었고, 각 진영은 성막을 중심으로 배치하였다. 그런데 여기에는 영적인 의도가 있다. 그렇다면 성막을 중심으로 각 진영을 배치한 영적인 의도는 어디에 있을까?

성막의 지성소를 중심으로 하나님의 임재가 항상 가시적으로 나타났다. 즉 이스라엘 백성들이 목도할 수 있도록 주야로 구름기둥과 불기둥으로 나타났다. 이리하여 성막을 중심으로 이스라엘 백성들의 진을 배치하게 된 의도는 하나님께서 항상 그들과 함께하심과 신앙 중심의 생활을 의도한 것이었다. 특히 성막에 나타난 하나님의 영광은 신약시대에 성령의 도래와 함께 주 하나님께서 성도의 몸을 성전 삼으시는 놀라운 은혜를 나타내셨다(고전 3:16-17).

따라서 성전이 된 우리는 더욱 주의 영광을 구하는 신앙을 잃지 말아야 할 것이다.

각 지파의 배치 | 02

"동방 해 돋는 쪽에 진 칠 자는 그 진영별로 유다의 진영의 군기에 속한 자라 유다 자손의 지휘관은 암미나답의 아들 나손이요 그의 군대로 계수된 자가 칠만 사천육백 명이며 그 곁에 진 칠 자는 잇사갈 지파라 잇사갈 자손의 지휘관은 수알의 아들 느다넬이요 그의 군대로 계수된 자가 오만 사천사백 명이라 그리고 스불론 지파라 스불론 자손의 지휘관은 헬론의 아들 엘리압이요 그의 군대로 계수된 자가 오만 칠천사백 명이니 유다 진영에 속한 군대로 계수된 군인의 총계는 십팔만 육천사백 명이라 그들은 제일대로 행진할지니라 남쪽에는 르우벤 군대 진영의 군기가 있을 것이라 르우벤 자손의 지휘관은 스데울의 아들 엘리술이요 그의 군대로 계수된 자가 사만 육천오백 명이며 그 곁에 진 칠 자는 시므온 지파라 시므온 자손의 지휘관은 수리삿대의 아들 슬루미엘이요 그의 군대로 계수된 자가 오만 구천삼백 명이며 또 갓 지파라 갓 자손의 지휘관은 르우엘의 아들 엘리아삽이요 그의 군대로 계수된 자가 사만 오천육백오십 명이니 르우벤 진영에 속하여 계수된 군인의 총계는 십오만 천사백오십 명이라 그들은 제이대로 행진할지니라 그 다음에 회막이 레위인의 진영과 함께 모든 진영의 중앙에 있어 행진하되 그들의 진 친 순서대로 각 사람은 자기의 위치에서 자기들의 기를 따라 앞으로 행진할지니라 서쪽에는 에브라임의 군대의 진영의 군기가 있을 것이라 에브라임 자손의 지휘관은 암미훗의 아들 엘리사마요 그의 군대로 계수된 자가 사만 오백 명이며 그 곁에는 므낫세 지파가 있을 것이라 므낫세 자손의 지휘관은 브다술의 아들 가말리엘이요 그의 군대로 계수된 자가 삼만 이천이백 명이며 또 베냐민 지파라 베냐민 자손의 지휘관은 기드오니의 아들 아비단이요 그의 군대로 계수된 자가 삼만 오천사백 명이니 에브라임 진영에 속하여 계수된 군인의 총계는 십만 팔천백 명이라 그들은 제삼대로 행진할지니라 북쪽에는 단 군대 진영의 군기가 있을 것이라 단 자손의 지휘관은 암미삿대의 아들 아히에셀이요 그

성서 이해와 적용 - 민수기

의 군대로 계수된 자가 육만 이천칠백 명이며 그 곁에 진 칠 자는 아셀 지파라 아셀 자손의 지휘관은 오그란의 아들 바기엘이요 그의 군대로 계수된 자가 사만 천오백 명이며 또 납달리 지파라 납달리 자손의 지휘관은 에난의 아들 아히라요 그의 군대로 계수된 자가 오만 삼천사백 명이니 단의 진영에 속하여 계수함을 받은 군인의 총계는 십오만 칠천육백 명이라 그들은 기를 따라 후대로 행진할지니라 하시니라"

― 민 2:3-31

3-31절 각 지파를 세 지파씩 묶어 배치한 의도

이스라엘 백성은 가나안 땅에 들어가기까지 두 가지 과제에서 승리해야 했다. 첫째, 그들은 하나님을 충실하게 섬겨야 했다. 둘째, 신앙의 공동체 생활을 순조롭게 유지해야 했다. 특히 본문에서 이스라엘 각 지파를 세 지파씩 한 단위로 묶어 배치한 것은 신앙의 공동체를 수호하고자 하는데 뜻이 있었다. 그렇다면 어떠한 의도에서 각 지파를 세 지파씩 묶어 배치했을까?

각 지파의 배치 | 02

　이스라엘 백성은 신앙의 공동체이다. 그런데 신앙의 공동체를 유지하기 위해서는 무엇보다 질서 유지가 필요하였다. 더군다나 편성된 군대의 배치는 성전을 위한 것이었다. 그래서 효율적으로 대적을 공격하고 방어하기 위한 것으로 편성하여 배치하였다.
　한편 각 지파를 세 지파씩 묶어 편성하고 배치한 것은 사람의 뜻이 아닌 하나님의 뜻이었다(민 2:1). 이는 하나님께서 직접 각 지파를 편성하고 배치하셨다는 점에서 그 누구도 시기하거나 분쟁하지 않게 하시기 위함이었다.
　따라서 우리는 하나님께서 교회 봉사와 관련해서 무엇을 맡기셨든지 최선의 것이라 인정하고, 그 가운데서 질서를 이루며, 하나님께서 뜻하신 위치에서 충성을 다해야 할 것이다.

"동방 해 돋는 쪽에 진 칠 자는 그 진영별로 유다의 진영의 군기에 속한 자라 유다 자손의 지휘관은 암미나답의 아들 나손이요 그의 군대로 계수된 자가 칠만 사천육백 명이며 그 곁에 진 칠 자는 잇사갈 지파라 잇사갈 자손의 지휘관은 수알의 아들 느다넬이요 그의 군대로 계수된 자가 오만 사천사백 명이라 그리고 스불론 지파라 스불론 자손의 지휘관은 헬론의 아들 엘리압이요 그의 군대로 계수된 자가 오만 칠천사백 명이니 유다 진영에 속한 군대로 계수된 군인의 총계는 십팔만 육천사백 명이라 그들은 제일대로 행진할지니라 남쪽에는 르우벤 군대 진영의 군기가 있을 것이라 르우벤 자손의 지휘관은 스데울의 아들 엘리술이요 그의 군대로 계수

성서 이해와 적용 – 민수기

된 자가 사만 육천오백 명이며 그 곁에 진 칠 자는 시므온 지파라 시므온 자손의 지휘관은 수리삿대의 아들 슬루미엘이요 그의 군대로 계수된 자가 오만 구천삼백 명이며 또 갓 지파라 갓 자손의 지휘관은 르우엘의 아들 엘리아삽이요 그의 군대로 계수된 자가 사만 오천육백오십 명이니 르우벤 진영에 속하여 계수된 군인의 총계는 십오만 천사백오십 명이라 그들은 제이대로 행진할지니라 그 다음에 회막이 레위인의 진영과 함께 모든 진영의 중앙에 있어 행진하되 그들의 진 친 순서대로 각 사람은 자기의 위치에서 자기들의 기를 따라 앞으로 행진할지니라 서쪽에는 에브라임의 군대의 진영의 군기가 있을 것이라 에브라임 자손의 지휘관은 암미훗의 아들 엘리사마요 그의 군대로 계수된 자가 사만 오백 명이며 그 곁에는 므낫세 지파가 있을 것이라 므낫세 자손의 지휘관은 브다술의 아들 가말리엘이요 그의 군대로 계수된 자가 삼만 이천이백 명이며 또 베냐민 지파라 베냐민 자손의 지휘관은 기드오니의 아들 아비단이요 그의 군대로 계수된 자가 삼만 오천사백 명이니 에브라임 진영에 속하여 계수된 군인의 총계는 십만 팔천백 명이라 그들은 제삼대로 행진할지니라 북쪽에는 단 군대 진영의 군기가 있을 것이라 단 자손의 지휘관은 암미삿대의 아들 아히에셀이요 그의 군대로 계수된 자가 육만 이천칠백 명이며 그 곁에 진 칠 자는 아셀 지파라 아셀 자손의 지휘관은 오그란의 아들 바기엘이요 그의 군대로 계수된 자가 사만 천오백 명이며 또 납달리 지파라 납달리 자손의 지휘관은 에난의 아들 아히라요 그의 군대로 계수된 자가 오만 삼천사백 명이니 단의 진영에 속하여 계수함을 받은 군인의 총계는 십오만 칠천육백 명이라 그들은 기를 따라 후대로 행진할지니라 하시니라"

민 2:3-31

각 지파의 배치 | 02

3-31절 | 이웃 지파끼리 부대를 편성함에 긍정적으로 작용할 수 있게 하는 것

이스라엘 진 배치는 회막을 중심으로 가까운 이웃 지파끼리 4개 부대로 편성하여 배치하였다. 즉 동편에는 레아의 세 아들인 유다와 잇사갈, 스불론 지파를, 남편에는 레아와 그의 몸종 실바의 자손들인 르우벤과 시므온, 갓 지파를, 서편에는 라헬의 자손들인 에브라임, 므낫세, 베냐민 지파를, 북편에는 라헬의 몸종 빌하와 레아의 몸종 실바의 자손들인 단과 아셀과 납달리 지파를 배치하였다. 그런데 이웃 지파끼리 부대를 편성하는 것은 여러 긍정적인 측면을 고려한 것이다. 그렇다면 이웃 지파끼리 부대를 편성함에 긍정적으로 작용하는 것은 무엇일까?

> 이스라엘의 열두 지파 4개 부대는 성향이 비슷하고 조화를 이룰 수 있도록 가까운 지파끼리 편성하였다. 그런데 이는 마찰을 줄이고 함께 힘을 합하여 효율적인 군대의 작용이 가능하다는 점에서 긍정적인 측면이 있다.
> 따라서 교회에서 일꾼을 배치할 때에도 성향에 합당한 일을 배정하여 효율적인 충성이 되게 해야 할 것이다.

성서 이해와 적용 – 민수기

"동방 해 돋는 쪽에 진 칠 자는 그 진영별로 유다의 진영의 군기에 속한 자라 유다 자손의 지휘관은 암미나답의 아들 나손이요 그의 군대로 계수된 자가 칠만 사천육백 명이며 그 곁에 진 칠 자는 잇사갈 지파라 잇사갈 자손의 지휘관은 수알의 아들 느다넬이요 그의 군대로 계수된 자가 오만 사천사백 명이라 그리고 스불론 지파라 스불론 자손의 지휘관은 헬론의 아들 엘리압이요 그의 군대로 계수된 자가 오만 칠천사백 명이니 유다 진영에 속한 군대로 계수된 군인의 총계는 십팔만 육천사백 명이라 그들은 제일대로 행진할지니라 남쪽에는 르우벤 군대 진영의 군기가 있을 것이라 르우벤 자손의 지휘관은 스데울의 아들 엘리술이요 그의 군대로 계수된 자가 사만 육천오백 명이며 그 곁에 진 칠 자는 시므온 지파라 시므온 자손의 지휘관은 수리삿대의 아들 슬루미엘이요 그의 군대로 계수된 자가 오만 구천삼백 명이며 또 갓 지파라 갓 자손의 지휘관은 르우엘의 아들 엘리아삽이요 그의 군대로 계수된 자가 사만 오천육백오십 명이니 르우벤 진영에 속하여 계수된 군인의 총계는 십오만 천사백오십 명이라 그들은 제이대로 행진할지니라 그 다음에 회막이 레위인의 진영과 함께 모든 진영의 중앙에 있어 행진하되 그들의 진 친 순서대로 각 사람은 자기의 위치에서 자기들의 기를 따라 앞으로 행진할지니라 서쪽에는 에브라임의 군대의 진영의 군기가 있을 것이라 에브라임 자손의 지휘관은 암미훗의 아들 엘리사마요 그의 군대로 계수된 자가 사만 오백 명이며 그 곁에는 므낫세 지파가 있을 것이라 므낫세 자손의 지휘관은 브다술의 아들 가말리엘이요 그의 군대로 계수된 자가 삼만 이천이백 명이며 또 베냐민 지파라 베냐민 자손의 지휘관은 기드오니의 아들 아비단이요 그의 군대로 계수된 자가 삼만 오천사백 명이니 에브라임 진영에 속하여 계수된 군인의 총계는 십만 팔천백 명이라 그들은 제삼대로 행진할지니라 북쪽에는 단 군대 진영의 군기가 있을 것이라 단 자손의 지휘관은 암미삿대의 아들 아히에셀이요 그

각 지파의 배치 | **02**

의 군대로 계수된 자가 육만 이천칠백 명이며 그 곁에 진 칠 자는 아셀 지파라 아셀 자손의 지휘관은 오그란의 아들 바기엘이요 그의 군대로 계수된 자가 사만 천오백 명이며 또 납달리 지파라 납달리 자손의 지휘관은 에난의 아들 아히라요 그의 군대로 계수된 자가 오만 삼천사백 명이니 단의 진영에 속하여 계수함을 받은 군인의 총계는 십오만 칠천육백 명이라 그들은 기를 따라 후대로 행진할지니라 하시니라"

———————————————————————— 민 2:3-31

3-31절 | 교회 조직에서 암시된 것

하나님께서는 성막 사면에 세 지파를 한 단위로 4개 부대를 편성하여 배치하도록 하셨다. 즉 동편에는 유다 지파의 이름 아래 세 지파의 인원 전체를 두었다(유다, 잇사갈, 스불론). 남편에는 르우벤 지파의 이름 아래 세 지파의 인원 전체를 두었다(르우벤, 시므온, 갓). 서편에는 에브라임의 이름 아래 세 지파의 인원 전체를 두었다(에브라임, 므낫세, 베냐민). 북편에는 단 지파의 이름 아래 세 지파의 인원 전체를 두었다(단, 아셀, 납달리).

한편 성막이 그리스도의 몸이라고 했을 때, 각 부대는 그리스도의 지체라고 볼 수 있다. 이 때문에 부대편성에서 각 부대 대표 지파는 우월하다거나 또 대표 지파에 소속인 나머지 지파는 열등하다는 것이 아니다. 그렇다면 성막이 그리스도의 몸이라고 했을 때, 또 4개 부대와 4개 부대 소속인 나머지 지파가 그리스도의 지체라고 했을 때, 본문에서 무엇을 암시할까?

성서 이해와 적용 – 민수기

교회 조직은 스스로 이룬 것이 아니라 하나님께서 그 원하시는 대로 성막(그리스도의 몸)에 대하여 조직(지체)을 각각 몸에 두셨다(고전 12:18-25). 이 때문에 교회 조직은 성도들의 역할에서 귀천을 논하기보다 통일성을 이루기 위한 편성이라고 봐야 할 것이다(엡 4:4-7, 11-16).

따라서 우리는 교회에서 무엇을 맡았든지 직분에 대한 소명의식을 가지고 충성하고 열심 있는 일꾼이 되어야 할 것이다.

"동방 해 돋는 쪽에 진 칠 자는 그 진영별로 유다의 진영의 군기에 속한 자라 유다 자손의 지휘관은 암미나답의 아들 나손이요 그의 군대로 계수된 자가 칠만 사천육백 명이며 그 곁에 진 칠 자는 잇사갈 지파라 잇사갈 자손의 지휘관은 수알의 아들 느다넬이요 그의 군대로 계수된 자가 오만 사천사백 명이라 그리고 스불론 지파라 스불론 자손의 지휘관은 헬론의 아들 엘리압이요 그의 군대로 계수된 자가 오만 칠천사백 명이니 유다 진영에 속한 군대로 계수된 군인의 총계는 십팔만 육천사백 명이라 그들은 제일대로 행진할지니라"

민 2:3-9

각 지파의 배치 | 02

3-9절 | 유다 지파가 선두에서 행군하게 된 연유

이스라엘 사회에서 장자의 위치는 특별하다. 그래서 장자 지파는 행군 대열 중 가장 선두에서 행군해야 한다. 그렇지만 하나님께서는 장자 지파가 아닌 야곱의 네 번째 아들인 유다 지파가 행군 대열 중 가장 선두에서 행군하도록 하셨다. 그렇다면 유다 지파가 선두에서 행군하게 된 연유는 어디에 있을까?

야곱의 열두 아들은 훗날 이스라엘 열두 지파의 공동체가 된다. 특히 야곱은 임종을 맞아 열두 아들을 위해 기도를 드렸다. 아들들에 따라서는 책망이 섞인 기도를 드리기도 하고, 축복의 기도를 드리기도 하였는데, 야곱의 열두 아들에 대한 기도는 예언이 되어 훗날 성취된다.

한편 아들에 대한 야곱의 기도는 일방적이라기보다 아들의 신실 여부에 따른 삶의 행적을 반영한 것이기도 하다(창세기 42-49장). 그런데 야곱의 장남 르우벤, 차남 시므온, 삼남 레위는 임종에 처한 아버지 야곱에게 책망을 받았고, 찬양이라는 뜻의 야곱의 네 번째 아들인 유다는 출생순서에 있어서 장남은 아니었으나 아버지 야곱으로부터 첫 번째 축복을 받고, 형제들의 지도자적인 위치에서 형제들에 의해서 찬양을 받게 된다. 그래서 본문에서도 유다가 모든 형제의 지파보다 선두에서 행군하는 것은 너무나 당연한 일이었다.

따라서 우리는 축복의 여부가 환경이라기보다 신실한 믿음의 행위에 있음을 인지하고 항상 신앙의 삶을 살아야 할 것이다.

성서 이해와 적용 – 민수기

"동방 해 돋는 쪽에 진 칠 자는 그 진영별로 유다의 진영의 군기에 속한 자라 유다 자손의 지휘관은 암미나답의 아들 나손이요 그의 군대로 계수된 자가 칠만 사천육백 명이며 그 곁에 진 칠 자는 잇사갈 지파라 잇사갈 자손의 지휘관은 수알의 아들 느다넬이요 그의 군대로 계수된 자가 오만 사천사백 명이라 그리고 스불론 지파라 스불론 자손의 지휘관은 헬론의 아들 엘리압이요 그의 군대로 계수된 자가 오만 칠천사백 명이니 유다 진영에 속한 군대로 계수된 군인의 총계는 십팔만 육천사백 명이라 그들은 제일대로 행진할지니라"

―――――――――――――――――――――――――― 민 2:3-9

3-9절 이스라엘 모든 지파에 대한 유다의 통치권을 완성한 자

유다에 대한 야곱의 축복기도, 즉 야곱의 축복 예언은 약 640년 후에 유다의 후손 다윗이 이스라엘의 통일왕국 시대에 왕이 되므로 성취된다(삼하 2:4-7; 5:1-3). 그렇지만 다윗의 시대가 도래했음에도 이스라엘 모든 지파에 대한 유다의 통치권은 미완성으로 남아 있었다. 그렇다면 이스라엘 모든 지파에 대한 유다의 통치권의 완성은 누구에 의해서 성취되었을까?

각 지파의 배치 | **02**

다윗은 유다의 왕이 되어 7년 6개월 동안 통치하였다(삼하 2:1-7). 또 다윗은 유다의 왕일 뿐만 아니라 이스라엘 모든 지파의 왕이 되어 통치하였다(삼하 5:1-5). 이리하여 다윗은 이스라엘 모든 지파의 왕으로, 그리스도에 대한 예표이다.

그런데 그리스도는 유다 지파의 최고 두령으로 지명받은 후손이다. 이 때문에 이스라엘 모든 지파에 대한 유다 지파의 통치권의 완성이 그리스도로 말미암아 성취되었다.

그런데 성도된 자들은 영적인 이스라엘이다. 또 성령으로 성도에게 와 계신 그리스도께서 성도에 대한 당신의 주권으로 성도들을 통치하신다.

따라서 성도된 우리는 주의 통치에 순종하며 성령의 능력에 의지하여 주의 뜻을 이루어가야 할 것이다.

성서 이해와 적용 – 민수기

> "유다 진영에 속한 군대로 계수된 군인의 총계는 십팔만 육천사백 명이라 그들은 제일대로 행진할지니라"
>
> ─────────────────── 민 2:9

9절 유다 지파가 모든 지파보다 선두에서 진행한 영적인 의미

유다 진영에 속한 군대로 계수된 군인의 총계는 186,400명이었다. 그런데 유다 진영에 속한 군대로 계수된 군인의 총계는 186,400명의 부대는 광야 행군시 제일 선두에 나섰다.

한편 유다 지파가 모든 지파 중에서 선두에 선 것은 임종 시 야곱의 축복의 성취이기도 하다(창 49:10). 그렇다면 유다 지파가 선두에서 진행하는 것의 영적인 의도는 무엇일까?

> 그리스도께서 이스라엘 모든 지파에 대한 다윗의 통치권의 최종적인 예언을 성취하셨다. 그런데 그리스도의 계보인 유다 지파가 이스라엘 모든 지파의 선두에 섰다. 이는 이스라엘에 대한 그리스도의 통치권과 또 그리스도께서 자기 백성을 위하여 일하신다는 것의 예표이다.
>
> 그런데 그리스도를 영접한 성도마다 영적인 이스라엘이다. 그런즉 그리스도께서는 성령으로 성도에게 오셔서 성도에 대한 당신의 주권으로 성도들을 푸른 초장과 쉴만한 물가로 인도하신다.
>
> 따라서 성도된 우리는 항상 성령으로 우리에게 오셔서 우리를 인도하신 주께 순종하며 영광을 돌려야 할 것이다.

각 지파의 배치 | 02

"르우벤 진영에 속하여 계수된 군인의 총계는 십오만 천사백오십 명이라 그들은 제이대로 행진할지니라, 에브라임 진영에 속하여 계수된 군인의 총계는 십만 팔천백 명이라 그들은 제삼대로 행진할지니라, 단의 진영에 속하여 계수함을 받은 군인의 총계는 십오만 칠천육백 명이라 그들은 기를 따라 후대로 행진할지니라 하시니라"

―― 민 2:16, 24, 31

16, 24, 31절 │ 단 지파가 행군할 때 뒤쪽으로 가도록 명령받은 연유

이스라엘 백성들의 광야 행군에서 두 번째로 나선 부대는 르우벤 진기 아래에 속한 154,150명의 군대는 제2대로 진행하였다. 또 에브라임 지파의 진기 아래 속한 108,100명의 군대는 제3대로 진행하였다. 또 단 지파의 진기 아래 속한 157,600명의 군대는 맨 마지막으로 진을 거두어 후대로 진행하도록 하였다. 그런데 유다 지파 다음으로 계수된 자가 많았던 이 부대는 휴식할 때(진 칠 때)는 성막 왼쪽에 자리 잡았으나 행군을 할 때는 뒤쪽으로 가도록 명령을 받았다. 그렇다면 어떠한 연유에서 단 지파의 진기 아래 속한 자들이 행군할 때 뒤쪽으로 가도록 명령을 받았을까?

성서 이해와 적용 - 민수기

모든 지파보다 수효가 많았던 유다 지파는 명실공히 자기 형제들의 머리로서 제1대로 행진하도록 하였다. 그런데 유다 지파 다음으로 수효가 많았던 단 지파는 휴식할 때, 즉 진 칠 때는 성막 왼쪽에 자리 잡도록 하였으나 행군할 때는 후대로 가게 하였다. 이는 전후방의 역할이 중요하므로 강한 힘을 소유한 유다 지파가 전방에서 모든 지파를 이끌게 하고, 후방에서는 유다 지파 다음으로 막강한 단 지파가 따르게 하므로 성막과 이스라엘 백성을 보호하도록 하였다.

따라서 우리는 이스라엘의 지파들이 힘의 비례하여 사명을 감당했다는 사실을 인지하고 소유가 무엇이 되었든 그것에 비례한 헌신을 다하여 하나님께 영광을 돌려야 할 것이다.

> "그 다음에 회막이 레위인의 진영과 함께 모든 진영의 중앙에 있어 행진하되 그들의 진 친 순서대로 각 사람은 자기의 위치에서 자기들의 기를 따라 앞으로 행진할지니라"
>
> ──────────────── 민 2:17

17절 | 회막이 열두 지파 중앙에 위치한 것과 각 지파가 '기'를 따라 행진한 것

회막(성막)은 머물 때나 행진할 때, 항상 열두 지파 중앙에 위치했다. 그런데 하나님의 임재가 나타났던 곳이 회막이었고, 또 회막은 그리스도에 대한 모형이다. 그리고 열두 지파는 성도에 대한 모형이다. 특히

각 지파의 배치 | 02

각 지파는 성막을 중심으로 자신들의 '기'를 따라 앞으로 행진하도록 하였다. 그렇다면 회막이 열두 지파의 중앙에 위치하여 행진한 것과 각 지파가 자기들의 '기'를 따라 행진한 것의 영적인 의미는 무엇일까?

> 회막이 그리스도에 대한 모형이라고 했을 때, 열두 지파 중앙에 위치한 회막의 영적인 의미는 그리스도 중심의 삶을 뜻한다. 하지만 인간의 어리석음과 연약함은 스스로 그리스도 중심의 삶을 불가능하게 한다. 그래서 하나님께서는 그리스도의 영이신 성령을 성도에게 보내주시고, 인간의 어리석음과 연약함을 극복할 수 있게 하셨다. 한편 각 지파는 자기들의 '기'를 따라 행진하도록 했다. 여기서 '기'란 푯대로서 믿음의 근본이요, 믿음의 주체가 되신 그리스도를 가리키는 것으로, 영적인 의미는 흔들리지 아니하는 복음의 삶을 가리킨다.
>
> 따라서 주의 대속 받은 우리는 항상 기도하고, 주의 성령을 의지하여 그리스도 제일주의, 즉 그리스도 중심의 삶을 지향하여 하나님께 영광을 돌려야 할 것이다.

성서 이해와 적용 – 민수기

> "이상은 이스라엘 자손이 그들의 조상의 가문을 따라 계수된 자니 모든 진영의 군인 곧 계수된 자의 총계는 육십만 삼천오백오십 명이며 레위인은 이스라엘 자손과 함께 계수되지 아니하였으니 여호와께서 모세에게 명령하심과 같았느니라 이스라엘 자손이 여호와께서 모세에게 명령하신 대로 다 준행하여 각기 종족과 조상의 가문에 따르며 자기들의 기를 따라 진 치기도 하며 행진하기도 하였더라"
>
> 민 2:32-34

32-34절 아름다운 신앙을 지켜낼 수 없는 원인

이스라엘 자손이 그들의 조상의 가문을 따라 계수한 자의 총계는 604,550명이었다. 하지만 레위 지파는 이스라엘 자손과 함께 계수되지 않았다.

한편 본장에서는 이스라엘 각 지파가 회막을 중심으로 배치된다. 특히 각 지파는 하나님께서 백성의 왕으로서 백성 가운데 계신다는 진리를 상징한다. 그래서 백성은 지파에 따라 각각 그 기와 종족의 기호 곁에 진을 치되 회막을 사면에 대하여 치게 하였고, 회막이 모든 지파의 중심, 즉 중앙에 위치하게 하였다.

그런데 본문 33절 하반절에서는 "이스라엘 자손이 여호와께서 모세에게 명령하신 대로 다 준행하여"라고 적고 있다. 여기서 백성이 '다 순종했다'라는 것은 백성의 아름다운 신앙을 나타내는 것으로(24:5-6), 하나님께서 명령하신 일에 대해 백성이 불평하거나 반대하는 자가 하나도 없었다는 뜻이다.

하지만 본서에서는 백성의 불순종이 뒤덮고 있듯이 주를 위한 사랑

각 지파의 배치 | 02

의 발로에서 순종한 그들의 신앙은 요한계시록에 기록된 에베소교회 성도같이 지속되지 않았다. 그렇다면 주를 사랑하고 순종하는 아름다운 신앙을 지속할 수 없는 원인은 어디에 있을까?

> 단련되지 아니한 보석은 아름다운 상태를 지속적으로 유지할 수가 없다. 이러하듯이 단련되지 아니한 신앙은 아름다운 신앙상태를 지속적으로 유지할 수가 없다.
> 따라서 우리는 오늘 본문 말씀과 같이 주에 대한 사랑의 발로에서 즉각 순종하고, 지속적으로 순종하는 아름다운 신앙상태를 유지하고자 하는 우리는 성령 안에서 항상 말씀의 단련을 자원해야 할 것이다.

3장
레위인의 임무와 이스라엘 장자들의 속전

서론

전장에는 성막을 대하여 열두 지파의 배치와 진군의 순서에 대해 명령한다. 본장에서는 레위 자손이 이스라엘을 대표하여 제사장이나 일반 성막 봉사자로 일하게 된 사실과 레위 지파 내 각 가문의 직무와 인구수 점검 및 레위인보다 273명 많은 이스라엘 장자들의 속전에 관하여 말하였다. 그런데 이스라엘 장자들을 속한 레위인의 역할은 궁극적으로 메시야의 대속 사역을 예표한다(요 17:6, 9).

> "여호와께서 시내 산에서 모세와 말씀하실 때에 아론과 모세가 낳은 자는 이러하니라 아론의 아들들의 이름은 이러하니 장자는 나답이요 다음은 아비후와 엘르아살과 이다말이니 이는 아론의 아들들의 이름이며 그들은 기름 부음을 받고 거룩하게 구별되어 제사장 직분을 위임 받은 제사장들이라 나답과 아비후는 시내 광야에서 여호와 앞에 다른 불을 드리다가 여호와 앞에서 죽어 자식이 없었으며 엘르아살과 이다말이 그의 아버지 아론 앞에서 제사장의 직분을 행하였더라"
>
> ─ 민 3:1-4

레위인의 임무와 이스라엘 장자들의 속전 | 03

1-4절 나답과 아비후의 결여된 사명 감당

레위 지파는 회막(성막) 봉사의 직무를 위하여 선택된 연유로 여호와의 군대를 구성하는 열두 지파의 소집에서 제외되었다. 특히 하나님께서는 이 레위 지파 중에서 모세를 백성의 인도자로 부르시고, 아론과 그의 아들들을 회막의 관리자로 임명하셨다. 본문에서는 아론의 네 아들이 거룩하게 구별되어 제사장 직분을 위임받는다. 여기서 제사장 위임식에서 거룩한 기름(관유), 즉 '기름부음을 받았다'는 것은 하나님의 소유로 구별되었다는 의식이고, 신적 권위와 능력을 부여받았다는 뜻이다(출 29:7). 그리고 '제사장 직분을 위임받았다'는 것은 성직에 임명되었다는 뜻이다.

한편 아론의 장자 나답과 차자 아비후는 하나님께서 정하신 법칙을 무시하고, 번제단의 불이 아닌 다른 불, 즉 세속적인 방법으로 취한 불로 분향하다가 여호와의 불에 타서 죽게 된다(레 10:1-2). 그렇다면 나답과 아비후의 사명 감당에서 무엇이 결여되었을까?

예수 그리스도께서는 십자가에서 인류의 죄 때문에 하나님과 원수 된 것 곧 중간에 막힌 담을 당신의 육체로 허셨다(엡 2: 14).
한편 분향은 기도에 대한 상징으로, '기도의 응답'이란 중간에 막힌 담을 육체로 허신 그리스도를 믿고, 그 이름으로 나아갈 때만이 하나님께서 받으신다. 이 때문에 나답과 아비후는 법칙에 따라 그리스도의 대속을 예표하는 번제단의 불 외 다른 어떤 불도 취하여 분향할 수 없는 것이다. 하지만 그들은 인위적인

성서 이해와 적용 – 민수기

> 방법으로 불을 취하여 분향하려 했다. 그리하여 그들은 징계를 받아 여호와의 불에 타서 죽게 된다. 그들은 여호와의 법칙에 순종하여 사명을 감당하려 하지 않고, 수단이 어찌 되든지 분향만 하면 된다고 믿는 거룩함이 결여된 사명을 감당한 것이다. 하지만 그리스도를 믿는 자들은 오히려 사명 감당에 있어서 결론보다 과정에서의 수단이 인본주의가 아닌 진리에 합당해야 한다.
> 따라서 우리는 진리가 전제된 삶의 과정에 충실한 신앙생활을 해야 할 것이다.

"여호와께서 또 모세에게 말씀하여 이르시되 레위 지파는 나아가 제사장 아론 앞에 서서 그에게 시종하게 하라 그들이 회막 앞에서 아론의 직무와 온 회중의 직무를 위하여 회막에서 시무하되 곧 회막의 모든 기구를 맡아 지키며 이스라엘 자손의 직무를 위하여 성막에서 시무할지니 너는 레위인을 아론과 그의 아들들에게 맡기라 그들은 이스라엘 자손 중에서 아론에게 온전히 맡겨진 자들이니라 너는 아론과 그의 아들들을 세워 제사장 직무를 행하게 하라 외인이 가까이 하면 죽임을 당할 것이니라"

민 3:5-10

5-10절 제사장과 레위인의 감사

제사장이었던 아론과 아론의 아들들은 레위 지파에 속한 레위인이었다. 그렇지만 9절 상반절에서 '너는 레위인을 아론과 그의 아들들에게 맡기라'고 한 것 같이 제사장과 레위 사람은 차이가 있다. 직무에 있어서도 차이가 있었다. 제물을 잡는 일은 레위인이 맡았고, 그 잡은 제물의 피를 뿌리고 고기를 태우는 일은 제사장이 담당했다(레 1:3-9; 4:3-35).

또 제사장은 이스라엘 백성의 지도자적인 위치에서 항상 섬김을 받는 입장에 있었고(신 17:9; 19:17), 레위 사람들은 제사장들을 보좌하고, 성막 중심으로 섬겼으며 신분에 있어서 제사장들과 견줄 수 없는 하위 계급이었다. 그렇지만 제사장과 레위인 모두 직분에 있어서 하나님께 감사하고 충성해야 한다. 그렇다면 제사장과 레위인 모두가 직분에 있어서 하나님께 감사해야 하는 연유는 어디에 있을까?

> 하나님을 믿는 신앙의 공동체 이스라엘의 태동은 하나님으로부터 이루어졌다. 모세가 이스라엘의 지도자로 쓰임이 된 것도, 아론이 대제사장이 되고 아론의 아들들이 제사장의 직무를 감당한 것도 또 아론 가문 외 레위인이 성막에서 섬기게 된 것 모두가 인간의 재능이나 그 외 인간의 우열에 따르지 아니하고 모두 하나님께서 정하신 바였다.
> 따라서 우리는 교회에서의 직분이나 신앙의 분량이나 또 사회에서의 모든 위치에서 충성을 다해야 한다. 인격의 우열이 아닌 질서를 위한 계급의 측면에서 수용하고 주어진 자리에서 감사하며 충성할 수 있어야 할 것이다.

성서 이해와 적용 – 민수기

"레위 지파는 나아가 제사장 아론 앞에 서서 그에게 시종하게 하라"
―――――――――――――――――――――――――――――――― 민 3:6

6절 주의 종이 성도들에게 명령할 수 있는 것

성도들은 하나님 나라의 공동체로서 영적으로 레위 지파에 속한 레위인이다.

본문 상반절에서 "레위 지파는 나아가 제사장 아론 앞에 서서"라고 말씀했다. 여기서 '앞에 서서'란 주인의 명령을 기다리는 종의 자세를 일컫는 표현이다. 이는 하나님께서 사명을 달리하신 주의 종과 성도에게 분배된 역할이다. 또 본문 하반절에서 "그에게 시종하게 하라"라고 한다. 여기서 '시종'이란 '섬기다' 즉, '봉사하다'란 뜻이 있다. 그렇다면 본문에서 제사장 아론, 즉 주의 종이 성도에게 명령할 수 있는 대표적이고 보편적인 것은 무엇일까?

주의 종의 주요 업무는 제사 드리는 일이다. 그런데 제사장이 제사하는 제물은 인류의 대속자 그리스도를 예표한 것이다.

한편 그리스도는 하나님의 나라에서 내려오신 성자 하나님이셨다(빌 2:5-8). 이 때문에 제사장의 직임이란 '말씀' 사역의 예표로, 하나님의 나라와 삼위일체 하나님과 인류의 구속자이신 그리스도에 대하여 주의 말씀을 성도들에게 선포하고 가르치는 사역이라고 봐야 한다.

그래서 주의 종들이 성도에게 명령할 수 있는 대표적인 것은 세속적인 측면이 아닌 하나님의 말씀이다. 즉 주의 종들은 성령

레위인의 임무와 이스라엘 장자들의 속전 | 03

의 도구요, 주의 말씀을 맡은 자로서 주의 말씀을 성도에게 명령하고, 성도는 그 말씀을 따라 순종하여 영적인 양육을 이루게 된다.

따라서 성도들은 제사장, 즉 성도들에 대한 주의 종들의 양육을 하나님의 사랑으로 수용하고 더욱 주의 말씀을 좇아야 할 것이다.

"그들이 회막 앞에서 아론의 직무와 온 회중의 직무를 위하여 회막에서 시무하되"

민 3:7

7절 │ 레위의 축복

레위는 레아의 소생으로, 야곱의 셋째 아들이다(창 29:34). 그는 야곱의 온 가족이 애굽으로 갈 때, 게르손, 고핫, 므라리 등 세 아들을 데리고 갔으며, 애굽에서 137세까지 살았다(창 46:11; 출 6:16). 레위는 누이 디나가 세겜에서 능욕을 당했을 때, 형 시므온과 함께 세겜 성의 남자들을 살육하였다(창 34:1-31). 이 일로 레위는 임종을 맞은 야곱으로부터 축복보다 책망과 저주를 받았다(창 49:5-7).

성서 이해와 적용 – 민수기

그런데도 레위의 후손이 하나님의 임재가 일어나는 곳, 즉 하나님 가까이에서 섬기는 일을 맡았다. 그들은 아론의 직무, 즉 제사장들을 도와 제사를 보좌하고 성막을 관리하고 운반하였다. 또 그들은 회중의 직무(일반 백성을 위한 직무), 즉 하나님께 제사 드리는 백성을 도와 바른 제사가 되도록 봉사하는 역할을 했다. 이는 하나님께서 그들에게 나타내신 파격적인 축복이다. 그렇다면 신약시대 성도들에게 나타난 복음과 관련하여 레위인에게 나타내신 하나님의 축복을 가리켜 무엇이라고 할까?

> 주의 대속 받은 성도들은 레위인같이 하나님의 집에서 여러 모양으로 섬길 수 있는 특권을 받았다. 주의 대속 받은 자들이 교회에서 여러 모양으로 섬기듯이, 본문에서, 하나님의 임재가 나타난 성막에서 섬기는 레위인 또한 하나님 가까이에서 섬길 수 있는 특권을 받았다. 이는 하나님께서 값없이 성도들에게 구원의 은혜를 나타내신 것같이 레위인이 허물이 있음에도 하나님 가까이에서 섬기도록 뜻하신 하나님의 은혜이다.
>
> 따라서 구원받은 우리는 항상 주의 은혜를 상기하고, 하나님께 감사하며, 영광을 돌려야 할 것이다.

레위인의 임무와 이스라엘 장자들의 속전 | 03

"너는 레위인을 아론과 그의 아들들에게 맡기라 그들은 이스라엘 자손 중에서 아론에게 온전히 맡겨진 자들이니라"

민 3:9

9절 　 레위인에 대한 제사장의 권리에 관한 것

본문 9절 상반절에서는 "여호와께서 모세에게 레위인을 아론과 그의 아들들에게 맡기라"라고 하셨다. 또 본문 하반절에서 "레위인은 이스라엘 자손 중에서 아론에게 온전히 맡겨진 자들"이라고 하셨다. 이는 제사장에게 레위인의 권리를 맡겼다는 뜻이 있다. 그렇다면 레위인에 대한 제사장의 권리란 무엇을 말할까?

> 레위인에 대한 제사장의 권리는 직무를 위한 권리이다. 이는 레위인이 선발된 연유가 성막 관리와 제사장들의 제사 직을 돕는 데 있기 때문이다.
>
> 따라서 교회에서 하나님을 섬기는 일에 레위인같이 부름 받은 성도들은 일방적인 열정이 아닌 목회자의 목회 방침을 잘 알고, 목회자의 지도 아래 질서를 이루어 섬겨야 할 것이다.

성서 이해와 적용 – 민수기

"너는 아론과 그의 아들들을 세워 제사장 직무를 행하게 하라 외인
이 가까이 하면 죽임을 당할 것이니라"
——————————————————————— 민 3:10

10절 민수기 1:51과 본문에서 의도된 진리

민수기 1:51의 '외인'이란 레위 지파 외, 모든 사람이다. 그런데 본문의 '외인'이란 제사장 외 모든 레위인을 포함한다.

한편 레위인이면서 제사장이었던 아론과 그의 아들들은 하나님께 직접 제사를 드리는 사역을 했고, 그 외 레위인은 성막(회막)과 관련된 봉사와 제사장들의 제사 직을 위한 보좌를 하였다. 그런데 민수기 1:51의 레위인은 주의 대속 받은 성도에 대한 예표이고, 본문의 레위인은 하나님께서 특별히 소명하신 주의 종들에 대한 예표이다. 그렇다면 민수기 1:51과 본문에서 성막에 가까이하는 외인이 죽는 엄벌에서 무엇을 말하고자 했을까?

민수기 1:51에서 레위인에 대한 외인은 레위 지파 외 모든 지파와 모든 사람이다. 그렇지만 본문 질문에서 민수기 1:51의 외인은 예수 그리스도의 대속을 믿지 아니한 불신자들을 가리킨다. 이 때문에 51절에서 성막에 가까이 오면 죽는 외인은 장차 주의 대속을 믿지 아니하는 자가 들어갈 영벌에 대해 말하고자 했다.

그런데 본문에서 외인은 민수기 1:51에 해당할 뿐만 아니라 성막에서 봉사했던 레위인까지 포함하였다. 이는 하나님께서 성막(회막) 봉사를 위해 레위인을 구별하셨지만 아론과 그의 아들들의 절대권까지 침해하는 것을 허용하시지 않았다는 뜻이다. 이리하여 민수기 1:51에서는 구원받은 자, 즉 성도들에 대한 하나님의 주권에 대한 것이고, 본문에서는 제사장 직책에 대한 하나님의 절대 주권을 가리킨다.

따라서 교회 지체가 된 성도는 하나님 가까이에서 섬기게 된 은혜에 대하여 감사하고, 더욱이 제사장, 즉 목양을 위해 세우신 교역자들의 직임에 대한 하나님의 주권을 인정하고 질서를 이루어 신앙생활을 해야 할 것이다.

성서 이해와 적용 - 민수기

"보라 내가 이스라엘 자손 중에서 레위인을 택하여 이스라엘 자손 중에 태를 열어 태어난 모든 자를 대신하게 하였은즉 레위인은 내 것이라 처음 태어난 자는 다 내 것임은 내가 애굽 땅에서 그 처음 태어난 자를 다 죽이던 날에 이스라엘의 처음 태어난 자는 사람이나 짐승을 다 거룩하게 구별하였음이니 그들은 내 것이 될 것임이니라 나는 여호와이니라"

― 민 3:12-13

12-13절 모든 인생의 장자의 예표

하나님께서는 레위가 이스라엘의 장자가 아닌데도 애굽에서의 유월절(출 13:1-16) 후 당신의 소유로 구분했었다. 이제 하나님께서는 이스라엘 장자들의 생명을 대속하기 위해 레위인을 처음 난 자처럼 세우셨다. 이는 모든 인생의 장자에 대한 예표이기도 하다. 그렇다면 모든 인생의 장자는 누구를 가리킬까?

> 로마서 5:12-21에서는 한 사람 아담의 죄로 말미암은 사망과 그리스도의 십자가의 대속으로 말미암은 영생에 대해 말씀한다. 그런데 하나님께서는 인류의 대표, 즉 그리스도를 모든 인생의 장자로 세우셨다. 그래서 레위인이 이스라엘의 모든 장자의 생명을 대속하기 위해 모든 지파의 대표로서 하나님의 집에서 섬겼듯이, 모든 인생의 장자이신 그리스도께서 십자가에서 인류의 구원을 위한 대속을 이루셨다.
> 따라서 우리는 인류의 죄를 대속하시기 위해 모든 인생의 장자로 이 세상에 오신 그리스도의 은혜를 상기하고, 주께 영광을 돌려야 할 것이다.

레위인의 임무와 이스라엘 장자들의 속전 | 03

"여호와께서 시내 광야에서 모세에게 말씀하여 이르시되 레위 자손을 그들의 조상의 가문과 종족을 따라 계수하되 일 개월 이상된 남자를 다 계수하라"

민 3:14-15

14-15절 레위 지파와 기타 지파의 계수 연령이 다른 연유

레위인 외 기타 지파를 계수할 때는 이십 세 이상을 계수하게 하였다. 하지만 본문에서 레위 지파의 계수는 일 개월 이상 된 남자를 다 계수하였다. 그렇다면 레위 지파와 기타 지파의 계수 연령이 다른 연유는 어디에 있을까?

레위 지파 외 모든 지파는 병역 의무를 담당해야 했다. 이 때문에 그들이 전쟁에서 싸울 수 있는 연령을 제한하여 계수하였다. 하지만 레위인은 하나님의 것, 즉 하나님의 소유된 자들이요, 또 이스라엘 모든 장자의 속전 역할만 하면 된다. 더욱이 하나님께서는 어린아이의 인격까지도 성인의 그것과 동일하게 취급하신다. 그래서 부득불 물리적인 전쟁에 동원되지 아니하는 레위 지파 남자의 계수를 1개월 이상으로 한 것이다.

따라서 우리는 타인과 비교하지 말고, 각 사람에 대한 하나님의 선하신 뜻과 인도를 믿고, 그 가운데서 충성해야 할 것이다.

성서 이해와 적용 - 민수기

"여호와께서 시내 광야에서 모세에게 말씀하여 이르시되 레위 자손을 그들의 조상의 가문과 종족을 따라 계수하되 일 개월 이상된 남자를 다 계수하라 모세가 여호와의 말씀을 따라 그 명령하신 대로 계수하니라 레위의 아들들의 이름은 이러하니 게르손과 고핫과 므라리요 게르손의 아들들의 이름은 그들의 종족대로 이러하니 립니와 시므이요 고핫의 아들들은 그들의 종족대로 이러하니 아므람과 이스할과 헤브론과 웃시엘이요 므라리의 아들들은 그들의 종족대로 말리와 무시이니 이는 그의 종족대로 된 레위인의 조상의 가문들이니라 게르손에게서는 립니 종족과 시므이 종족이 났으니 이들이 곧 게르손의 조상의 가문들이라 계수된 자 곧 일 개월 이상된 남자의 수효 합계는 칠천오백 명이며 게르손 종족들은 성막 뒤 곧 서쪽에 진을 칠 것이요 라엘의 아들 엘리아삽은 게르손 사람의 조상의 가문의 지휘관이 될 것이며 게르손 자손이 회막에서 맡을 일은 성막과 장막과 그 덮개와 회막 휘장 문과 뜰의 휘장 및 성막과 제단 사방에 있는 뜰의 휘장 문과 그 모든 것에 쓰는 줄들이니라 고핫에게서는 아므람 종족과 이스할 종족과 헤브론 종족과 웃시엘 종족이 났으니 이들은 곧 고핫 종족들이라 계수된 자로서 출생 후 일 개월 이상 된 남자는 모두 팔천육백 명인데 성소를 맡을 것이며 고핫 자손의 종족들은 성막 남쪽에 진을 칠 것이요 웃시엘의 아들 엘리사반은 고핫 사람의 종족과 조상의 가문의 지휘관이 될 것이며 그들이 맡을 것은 증거궤와 상과 등잔대와 제단들과 성소에서 봉사하는 데 쓰는 기구들과 휘장과 그것에 쓰는 모든 것이며 제사장 아론의 아들 엘르아살은 레위인의 지휘관들의 어른이 되고 또 성소를 맡을 자를 통할할 것이니라 므라리에게서는 말리 종족과 무시 종족이 났으니 이들은 곧 므라리 종족들이라 그 계수된 자 곧 일 개월 이상 된 남자는 모두 육천이백 명이며 아비하일의 아들 수리엘은 므라리 종족과 조상의 가문의 지휘관이 될 것이요 이 종족은 성막 북쪽에 진을 칠 것이며 므라리 자손이 맡을 것

레위인의 임무와 이스라엘 장자들의 속전 | 03

은 성막의 널판과 그 띠와 그 기둥과 그 받침과 그 모든 기구와 그 것에 쓰는 모든 것이며 뜰 사방 기둥과 그 받침과 그 말뚝과 그 줄들이니라 성막 앞 동쪽 곧 회막 앞 해 돋는 쪽에는 모세와 아론과 아론의 아들들이 진을 치고 이스라엘 자손의 직무를 위하여 성소의 직무를 수행할 것이며 외인이 가까이 하면 죽일지니라 모세와 아론이 여호와의 명령을 따라 레위인을 각 종족대로 계수한즉 일 개월 이상 된 남자는 모두 이만 이천 명이었더라"

― 민 3:14-39

14-39절 모세와 아론과 아론의 아들들이 가장 적절하다고 평가할 수 있는 곳에 진 친 연유

　레위의 아들들은 '피난처'란 뜻의 장남 게르손과 '동맹하다'의 뜻의 차남 고핫과 '쓴 것'(쓸개)의 뜻인 레위의 3남 므라리다. 그들은 레위 지파의 세 가문을 이루었고, 회막(성막) 봉사를 위하여 성막(회막) 주위에 머물렀다. 게르손 가족들은 두 가족, 즉 립니와 시므이로 나뉘었고 그들의 족장은 엘리아삽이었다. 더욱이 게르손 자손은 회막(성막) 서편에 진을 쳤고, 그들은 성막에서 모든 휘장, 천막, 줄 등을 맡아 봉사하였다. 또 고핫 자손은 네 가족, 즉 아므람, 이스할, 헤브론, 웃시엘로 나뉘었고 그들의 족장은 엘리사반이었다. 더욱이 고핫 자손은 성막 남편에 진을 쳤고, 성소 안에 모든 기구를 맡아 봉사하였다. 또 므라리 자손은 두 가족, 즉 말리와 무시로 나뉘었고, 그들의 족장은 수리엘이었다. 더욱이 므라리 자손은 성막 북편에 진을 쳤고, 그들은 성막의 기둥과 받침 등을 맡아 봉사하였다.
　한편 고핫 자손이었던 모세와 아론의 아들들은 가장 적절한 곳, 즉

성서 이해와 적용 – 민수기

유다 진영에서 가장 가까운 회막(성막) 앞 동편에 각각 진을 쳤다. 그렇다면 모세와 아론과 아론의 아들들이 가장 적절하다고 평가할 수 있는 곳에 진 친 연유는 어디에 있을까?

> 회막(성막) 앞 동편은 모세와 아론 및 성막 봉사의 중요 직책을 맡은 제사장들이 거할 수 있는 가장 적절한 곳이었다. 가장 강력한 유다 진영이 가까이 있었고, 유사시 그들로부터 도움을 받을 수 있었기 때문이었다.
>
> 한편 이는 제사직의 사역, 즉 하나님을 섬기는 일에 대한 중요성을 시사한 것이다. 하나님을 섬기는 일이 그 어느 것보다 중요하고 선행되어야 하기 때문에 위기의 상황까지 염두에 두신 하나님의 지혜였다.
>
> 따라서 하나님의 기쁨을 좇고자 하는 우리는 그 무엇보다 신앙 중심의 생활을 추구해야 할 것이다.

레위인의 임무와 이스라엘 장자들의 속전 | 03

"이스라엘 자손의 처음 태어난 자가 레위인보다 이백칠십삼 명이 더 많은즉 속전으로 한 사람에 다섯 세겔씩 받되 성소의 세겔로 받으라 한 세겔은 이십 게라니라"

민 3:46-47

46-47절 | 레위인의 수보다 많은 수만큼의 속전을 지불하게 하신 연유

유월절 재앙에서 애굽의 장자를 치신 하나님께서 이스라엘의 장자는 살려주셨다. 그래서 하나님께서는 본문 46절 상반절에서 밝힌 것 같이 이스라엘 자손 중 모든 처음 태어난 자 대신에 레위인을 취하여 하나님의 장막(성막)에서 섬기게 하셨다. 그런데 레위인의 수보다 이스라엘의 모든 장자의 수가 273명이 더 많았다. 여기에 하나님께서는 한 사람에 다섯 세겔씩의 속전을 지불하게 하셨다. 그렇다면 하나님께서 레위인의 수보다 많은 수만큼의 속전을 지불하게 하신 연유는 어디에 있을까?

성서 이해와 적용 – 민수기

46절 하반절에서 "속전으로"라고 했다. 이는 죄를 속량하기 위해서 지불하는 돈을 말한다. 그런데 레위인은 하나님의 뜻에 의해서 이스라엘 장자들을 대신하여 하나님을 섬기며 속신(몸값을 치르고 석방되다)해야 했다. 하지만 본문에서는 레위인의 수보다 이스라엘 장자의 수가 273명이나 더 많았다. 그래서 이스라엘의 더 많은 장자의 수대로 한 사람에 다섯 세겔씩 속전을 지불하게 하셨다. 이는 애굽에 내린 열 번째 재앙에서 그리스도의 대속을 예표한 십자가의 희생으로 이스라엘의 장자들을 구원하셨기 때문이다.

그런데 이스라엘의 구원은 이스라엘의 공동체의 구원이기도 하지만 성민 개개인에 대한 구원이기도 하다. 그래서 하나님께서는 레위인의 수보다 더 많은 이스라엘의 장자들을 대신하여 속전을 지불하게 하신 것이다.

따라서 그리스도의 몸 된 교회 지체인 우리는 성도 개개인의 구원을 위해 그리스도께서 십자가에서 속신하셨다는 사실을 인정하고, 항상 구원의 은혜를 새롭게 해야 할 것이다.

레위인의 임무와 이스라엘 장자들의 속전 | 03

"그 더한 자의 속전을 아론과 그의 아들들에게 줄 것이니라 모세가 레위인으로 대속한 이외의 사람에게서 속전을 받았으니 곧 이스라엘 자손의 처음 태어난 자에게서 받은 돈이 성소의 세겔로 천삼백육십오 세겔이라 모세가 이 속전을 여호와의 말씀대로 아론과 그의 아들들에게 주었으니 여호와께서 모세에게 명령하심과 같았느니라"

민 3:48-51

48-51절 | 아론이 그의 아들들에게 속전을 주게 한 연유

이스라엘의 처음 난 자가 레위인보다 273명이나 더 많았다. 하나님께서는 한 사람에 다섯 세겔씩 273명에 대해 속전을 지불하게 하셨는데, 그 속전은 모두 아론과 그의 아들들에게 주도록 명령하셨다(51절). 그렇다면 레위인 중 게르손 자손, 므라리 자손이 아닌 또 고핫 자손 중에서도 아론과 그의 아들들에게만 속전을 주게 한 연유는 어디에 있을까?

속전은 죄를 속량하기 위해서 치르는 돈이다. 그리고 속전은 인류의 구원을 위한 그리스도의 죄사함에 대한 예표이기도 하다. 특히 아론과 그의 아들들은 하나님의 가장 가까이에서 인류의 허물과 죄를 속죄하신 그리스도를 예표한 제사 직을 수행하였다. 그런데 인류의 영원한 속전이 되어주신 그리스도를 모형하는 중보 사역의 제사 직은 레위 자손의 다른 어떤 사역보다도 중차대한 사역이다. 이 때문에 아론과 그의 아들들에게 인류에 대한 그리스도의 속죄의 예표인 속전을 지불하게 한 것이다.

따라서 우리는 인생에서 그리스도의 대속의 은총을 가장 큰 의미로 받아들이고자 하는 신앙이 있어야 할 것이다.

4장
레위 각 가문의 직무

서론

모세와 아론은 하나님의 명령에 따라 레위의 세 가문, 즉 고핫 자손, 게르손 자손, 므라리 자손들 중에서 30-50세 사이의 남자 레위인을 집계한다. 또 본문에서는 세 가문이 회막(성막)에서 구체적으로 감당할 직무에 대해 명시하였다.

> "레위 자손 중에서 고핫 자손을 그들의 종족과 조상의 가문에 따라 집계할지니"
>
> ─ 민 4:2

2절 하나님의 섭리에 대한 적용

게르손은 레위의 세 아들 중 장자였다. 하지만 아브라함 가문에서 장자의 위치가 중요했음에도 본문에서는 레위의 장자 게르손 가문이 아닌 차자 고핫 가문이 제일 먼저 언급되었다. 그런데 고핫 가문은 하나님의 섭리로 인해 레위의 장자 게르손 가문이 아님에도 성막 중 가장 중요하게 다루어지고 있는 지성물을 운반하는 봉사를 맡았다.

레위 각 가문의 직무 | 04

그렇다면 본문에서 고핫 가문의 사명에서 발견할 수 있는 하나님의 섭리에 대한 적용은 무엇일까?

> 아브라함 가문에서 장자의 특권(창 17:8; 27:4, 19; 48:19)과 모세 율법에서의 장자의 특권을 고려한다면(출 22:29; 민 8:14- 17; 신 21:17) 분명 레위의 장자 게르손 가문은 레위의 차자 고핫 가문보다 우위에 있었다. 그런데도 본문에서는 레위의 장자 게르손 가문이 아닌 레위의 차자 고핫 자손이 지성물을 운반하는 중차대한 사명을 맡았다. 이는 하나님의 주권적인 의지에서 비롯된 것으로 예수께서도 달란트 비유에서 가르쳐주신 바 있다(마 25:14-30).
>
> 따라서 우리는 무엇을 맡았든지 하나님께서 재능을 따라 각각의 성도에게 사명을 맡기셨다는 사실을 인정하고 무엇을 맡았든지 충성을 다해야 할 것이다.

> "곧 삼십 세 이상으로 오십 세까지 회막의 일을 하기 위하여 그 역사에 참가할 만한 모든 자를 계수하라"
>
> ──── 민 4:3

3절 회막(성막) 봉사의 연령이 징병 연령보다 더 높았던 연유

징병 연령은 이십 세 이상으로 제한하였다. 하지만 본문에서 회막(성막) 봉사의 연령은 30세 이상으로 50세까지 제한하였다. 그렇다면 회막(성막) 봉사의 연령이 징병 연령보다 더 높았던 연유는 어디에 있을까?

성서 이해와 적용 – 민수기

> 성막 봉사는 그 어떤 일보다 신중을 요하는 일이다. 그래서 영적으로나 심신이 미약해서 발생할 수 있는 실수를 미연에 방지하기 위하여 최소연령을 30세로 제한하였고, 육체적으로 힘이 달려 거룩함을 훼손하는 등의 허물을 예방하기 위하여 최고연령을 오십 세로 제한하였다. 이후 25세(8:24), 20세(대상 23:24)로 그 범위가 점차 완화되었으나 그것은 단지 수습 기간을 5년, 10년 둔 것에 불과하다.
>
> 따라서 성도는 회막(성막), 즉 교회에서 무엇을 맡았든지 모든 직책의 중요성을 깨닫고, 온전한 섬김으로 하나님께 영광을 돌려야 할 것이다.

"곧 삼십 세 이상으로 오십 세까지 회막의 일을 하기 위하여 그 역사에 참가할 만한 모든 자를 계수하라"
———————————————————————— 민 4:3

3절 고핫 가문이 맡은 역사

레위 지파의 고핫 가문은 비전투 요원이다. 그런데도 본문에서는 고핫 가문이 회막(성막)에서 봉사하는 일을 가리켜 '역사'라고 했다. 여기서 '역사'란 병역과 군대 또는 전쟁을 의미한다. 그렇다면 어떠한 연유에서 고핫 가문이 맡은 일을 '역사'라고 했을까?

바울은 하나님을 섬기는 일을 가리켜 '선한 싸움'이라고 했고(딤전 1:18), 하나님의 일꾼을 가리켜 '좋은 병사'라고 했다(딤후 2:3). 그런데 봉사에 관련하여 레위인은 거룩한 군사로서 거룩을 파수하는 자들이다. 즉 레위인은 신령한 군사로서의 소임을 다해야 한다. 이 때문에 제사 직 외에 회막(성막)에서 가장 중요한 지성물 운반을 맡은 고핫 자손의 사역을 가리켜 '역사'라고 한 것이다.

따라서 성령의 일, 즉 맡은 바 사명을 감당하는 우리는 마땅히 긴장을 풀지 말고 전투적인 자세로 주의 뜻을 이루어가야 할 것이다.

그렇지만 성도 중에는 정작 자신의 문제 앞에서 주의 말씀을 적용하여 실천하지 아니하고 오히려 부인하기도 한다. 예컨대 죄 까닭에 문제가 다가왔다면 반드시 회개의 열매를 맺어야 한다. 또 본서의 의도처럼 하나님께서 만인 앞에서 성도의 참다운 신앙을 증언하시고, 영광을 받으시기 위해서 보내신 문제라면 하나님의 때가 차기까지 기다릴 수밖에 없다. 이러한 상황이라면 성도는 무엇보다 성령의 능력으로 마음을 굳세게 하고, 견딜 수 있는 인내가 필요하다.

따라서 우리는 문제 가운데서 그 문제를 해결하기 위한 말씀을 적용하는 데에 충실한지, 신앙을 점검해야 할 것이다.

성서 이해와 적용 – 민수기

"고핫 자손이 회막 안의 지성물에 대하여 할 일은 이러하니라 진영이 전진할 때에 아론과 그의 아들들이 들어가서 칸 막는 휘장을 걷어 증거궤를 덮고"

민 4:4-5

4-5절 칸 막는 휘장을 둘러싼 의미

'지성물'이란 언약궤와 떡상, 등대, 분향단, 번제단, 그리고 이것들에 부속된 모든 것을 가리킨다(출 30:26-29). 그런데 진행할 때 먼저 제사직을 맡은 아론과 그의 아들들이 들어가서 지성물을 정돈하고, 고핫 자손이 지성물을 메고 갈 수 있도록 준비하였다.

한편 '칸 막는 휘장'은 성소와 지성소 사이를 막는 것으로, 이 휘장의 히브리 원어 〈파로케트〉는 '분리시키다'라는 뜻이 있다. 특히 지성소는 법궤(증거궤)가 놓인 것으로, 하나님의 나라를 의미하고, 칸 막는 휘장은 그리스도의 몸을 의미한다.

그런데 그리스도의 몸을 의미하는 칸 막는 휘장은 예수께서 십자가에서 운명하시는 순간 위에서부터 아래까지 찢어졌다(마 27:51; 눅 23:45). 그렇다면 지성소와 관련하여 칸 막는 휘장이 그대로 있었을 때와 위에서부터 아래까지 찢어졌을 때를 통해 시사하는 영적인 의미와 시대적인 적용은 무엇일까?

칸 막는 휘장은 그리스도의 몸을 의미하는 것으로, 휘장이 그대로 있었을 때는 그리스도께서 아직 십자가에서 인류의 구원을 위한 대속을 이루시지 아니한 구약시대를 말한다. 하지만 칸 막

레위 각 가문의 직무 | 04

는 휘장이 위에서부터 아래까지 찢어졌다는 것은 그리스도께서 십자가에서 인류의 구원을 위한 대속을 이루신 신약시대의 도래를 의미한다.

한편 십자가에서 인류의 구원을 위한 율법을 완성하신 그리스도께서는 죄로 인해 하나님과 인류 사이에 막힌 장벽을 허물어 주셨다. 그리하여 칸 막는 휘장이 위에서부터 아래까지 찢어졌을 때, 지성소가 활짝 열렸듯이 인류의 대속을 이루신 그리스도께서는 인류의 구원을 위한 천국 문이 되셨다.

따라서 우리는 그리스도로 말미암아 인류의 구원을 이루신 하나님께 감사하고, 신약의 끝을 향해 질주하는 시대 앞에서 오직 그리스도의 대속 받은 자의 삶에 충실해야 할 것이다.

> "진영이 전진할 때에 아론과 그의 아들들이 들어가서 칸 막는 휘장을 걷어 증거궤를 덮고 그 위를 해달의 가죽으로 덮고 그 위에 순청색 보자기를 덮은 후에 그 채를 꿰고"
>
> ─ 민 4:5-6

5-6절 | 법궤를 운반할 때 맨 위에 순청색 보자기를 덮은 영적 의미

진영이 전진할 때, 법궤 운반을 위한 준비는 다음과 같았다. 먼저 본문 5절 중반절 이하에서 "아론과 그의 아들들이 들어가서 칸 막는

성서 이해와 적용 - 민수기

휘장을 걷어 증거궤(법궤)를 덮고 그 위에 해달의 가죽(물개 가죽)으로 덮고 그 위에 순청색 보자기를 덮은 후에 그 채를 꿰고"라고 했다. 그러니까 법궤를 운반하는 데 있어서 첫 번째로 칸 막는 장으로 덮었고, 두 번째로 해달 가죽으로 덮었고, 세 번째로 순청색 보자기로 덮었다.

한편 지성물을 운반하는데 그중에 법궤만 맨 위에 생명을 상징하는 순청색 보자기를 덮었다. 그런데 법궤와 순청색 보자기는 상호 관련이 있다. 그렇다면 법궤와 관련하여 법궤를 운반할 때 맨 위에 순청색 보자기를 덮는 영적인 의미는 무엇일까?

> 신약에서 인류의 구원을 위한 중보자는 예수 그리스도이시고, 구약에서는 법궤가 백성의 구원을 위한 중보자다. 또 신약에서 예수님을 본 것이 곧 하나님을 본 것이고(요 14:8-9), 구약에서는 법궤를 본 자는 곧 하나님을 본 자다. 그런데 법궤가 백성 사이에 '중보'라는 점과 또 법궤가 말씀이란 점에서 법궤는 인류의 영원한 생명을 위해 중보하신 예수 그리스도를 가리킨다(요 1:1-18). 이 때문에 법궤를 운반할 때 맨 위에 순청색 보자기를 덮는 것은 그리스도의 생명을 나타내는 영적인 의미가 있다.
>   따라서 우리는 인류에게 생명을 주시기 위해서 십자가에서 고난당하신 주께 감사하고, 십자가 있는 삶을 통해서 하나님께 영광을 돌려야 할 것이다.

레위 각 가문의 직무 | 04

"진설병의 상에 청색 보자기를 펴고 대접들과 숟가락들과 주발들과 붓는 잔들을 그 위에 두고 또 항상 진설하는 떡을 그 위에 두고 홍색 보자기를 그 위에 펴고 그것을 해달의 가죽 덮개로 덮은 후에 그 채를 꿰고"

민 4:7-8

7-8절 | 떡상의 떡과 떡상을 운반할 때에도 진설된 떡을 운반하게 한 것의 의미

진영이 전진할 때 떡상 운반을 위한 준비는 다음과 같다.

"진설병의 상에 청색 보자기를 펴고 대접들과 숟가락들과 주발들과 붓는 잔들을 그 위에 두고 또 항상 진설하는 떡을 그 위에 두고 홍색 보자기를 그 위에 펴고 그것을 해달의 가죽 덮개로 덮은 후에 그 채를 꿰고"라고 했다.

한편 청색은 그리스도의 생명에 대한 상징이고, 홍색은 그리스도의 고난에 대한 상징이고, 물개인 해달은 수중과 육지를 오가는 동물로 그리스도의 승리에 대한 상징이고, '채'는 길게 된 나무로 지성물을 운반할 때 앞뒤 두 개씩 부착된 고리에 끼워 운반할 때 사용된 것으로 성도들이 말씀과 동행하는 것을 뜻한다. 특히 떡상 위에 진설(상에 차려놓는 것)된 떡은 운반할 때에도 가지고 가도록 했다. 이같이 아론과 그의 아들들은 위의 명령대로 수습하여 고핫 자손이 메고 갈 수 있도록 만반의 준비를 하였다. 그렇다면 떡상의 떡은 무엇을 의미하며, 떡상을 운반할 때에도 진설된 떡을 함께 운반하도록 한 것은 무엇을 의미할까?

성서 이해와 적용 - 민수기

떡상의 떡은 십자가 대속으로 인류에게 생명을 주신 예수 그리스도를 의미한다(요 1:1; 6:35).

한편 떡상을 운반할 때 청색 보자기 위에 진설병 떡을 놓고 그 위에 홍색 보자기를 덮었다. 여기서 청색은 생명과 신성을, 또 홍색은 주의 대속의 보혈을 의미한다. 그런데 생명의 떡, 즉 그리스도를 뜻하는 진설병이 청색 보자기와 홍색 보자기 사이에 놓여 있었다. 이는 그리스도로 말미암은 생명과 대속을 의미한다. 이는 주의 보혈의 피가 증언되는 말씀이 가장 온전한 말씀임을 시사한다. 또 본문 7절 하반절에서 "항상 진설하는 떡을 그 위에 두고"라고 했다. 그래서 진설병은 떡상(진설병의 상)을 운반할 때에도 함께 운반하였다. 이는 주의 성도들이 항상 말씀의 양식으로 영적 생명을 유지해야 함을 시사한 것이다.

따라서 주의 대속 받은 우리는 항상 말씀이 인도하심에 따라 말씀 중심의 신앙생활을 해야 할 것이다(마 4:4).

"청색 보자기를 취하여 등잔대와 등잔들과 불 집게들과 불똥 그릇들과 그 쓰는 바 모든 기름 그릇을 덮고 등잔대와 그 모든 기구를 해달의 가죽 덮개 안에 넣어 메는 틀 위에 두고"
──────────────────── 민 4:9-10

레위 각 가문의 직무 | 04

9-10절　등대 운반에서 동원된 것의 신앙의 적용

등대는 빛을 비추는 것으로 빛 되신 그리스도, 즉 주의 성령의 빛을 의미한다. 등대 운반은 다음과 같다. 우선 등대와 등대에 관계된 모든 것들을 청색 보자기로 쌌다. 그리고 해달의 가죽으로 덮었고, 마지막으로 메는 틀 위에 올려놓고 운반했다. 여기서 청색 보자기는 생명을 뜻하고, 해달의 가죽 덮게는 승리와 겸손을 뜻하고, 어깨에 메는 틀은 책임과 희생을 뜻한다. 그렇다면 등대가 성령의 빛을 의미한다고 했을 때, 등대 운반에서 동원된 것들에서 무엇을 신앙에 적용할 수 있을까?

그리스도께서는 세상의 빛이시다. 또 빛 되신 그리스도께서는 인류의 구원을 위한 생명이 되신다. 이 때문에 어두움을 밝히는 등대를 생명을 상징하는 보자기로 쌌다. 빛은 그리스도에 대한 묘사로서 그리스도는 인류의 구원을 이루시기 위해 사람의 모양으로 나타나시고 자기를 낮추시고 십자가에서 죽기까지 복종하셨다(빌 2:5-8). 이는 주의 겸손이요, 인류의 구원을 위한 완전한 주의 승리다. 그래서 등대를 운반할 때 생명을 상징하는 청색 보자기로 샀을 뿐만 아니라 승리와 겸손을 상징하는 해달의 가죽 덮게 안에 넣은 것이다.

따라서 주의 왕성한 생명력을 소유한 우리는 성령을 의지하여 주의 겸손과 말씀을 좇아 세상에 대하여 빛의 사명을 감당하고, 하나님께 영광을 돌려야 할 것이다.

성서 이해와 적용 – 민수기

"금제단 위에 청색 보자기를 펴고 해달의 가죽 덮개로 덮고 그 채를 꿰고"

민 4:11

11절 금 제단 운반에서 청색 보자기를 편 것의 영적인 의미

기도를 의미하는 분향단 운반에서 금 제단 위에 청색 보자기를 펴고 해달의 가죽 덮개로 덮고 그 채를 꿰고 운반하도록 하였다. 여기서 청색은 생명과 함께 하나님의 권위, 즉 신성을 의미하기도 한다.

한편 금 제단, 즉 분향단 앞에는 지성소의 법궤가 안치되어 있었고, 지성소에서 하나님의 임재가 일어났다는 점에서 그곳은 천국에 대한 상징이다. 그래서 제사장들이 법궤 앞에 위치한 분향단에서 기도드린 모습은 하나님 앞에서 기도하는 모습이다. 그렇다면 금 제단 위에 청색 보자기를 편 것의 영적인 의미는 무엇일까?

> 금 제단 위에 청색 보자기를 편 것의 영적인 의미는 그리스도의 대속을 믿는 자들이 부여받은 특권이다. 즉 그리스도 안에서 생명 얻은 자마다 하나님 앞에서 기도할 수 있는 진리를 의미한다.
>
> 따라서 우리는 기도하며 하나님께 나아갈 수 있는 특권자가 된 것에 대해 주께 감사하고 영광을 돌려야 할 것이다.

레위 각 가문의 직무 | 04

"금제단 위에 청색 보자기를 펴고 해달의 가죽 덮개로 덮고 그 채를 꿰고"

― 민 4:11

11절 성소에 들어가서 분향한 두 왕

성소에 놓인 금 제단, 즉 분향단에서의 기도는 오직 제사장만이 할 수 있었고, 백성은 제사장이 성소의 분향단에서 기도하고 응답받고 나올 때까지 밖에서 기도하며 기다렸다(눅 1:8-11). 하지만 구약시대에 이스라엘의 두 왕이 규칙을 깨고 성소에 들어가서 분향하다가 징벌을 받았다. 그렇다면 성소에 들어가서 분향한 두 왕은 누구이며 어떠한 징벌을 받았을까?

기도를 의미하는 분향단은 성소에 놓여 있었다. 제사장은 분향단에서 아침저녁으로 향을 피우며 사르며 기도하였다. 그런데 구약시대에 이스라엘의 두 왕, 여로보암과 웃시야가 제사장 외 들어갈 수 없는 지성소에 들어갔고, 제사장 외 분향할 수 없는 직무를 행하다가 징계를 받았다. 북이스라엘의 왕 여로보암은 손이 말라 버렸고(왕상 13:4), 남유다 왕 웃시야는 문둥병에 걸렸다(대하 26:19). 하지만 신약시대를 도래하게 하신 그리스도께서는 성도들에게 기도를 가르쳐 주셨다(마 6:9-13). 또 기도를 가르쳐 주셨을 뿐 아니라 기도하도록 명령하셨다(마 7:7-12).

한편 기도는 주의 대속을 믿는 자, 즉 중생의 은혜를 받은 자만이 할 수 있는 특권이다. 또 기도는 향이 향기롭게 올라가듯

성서 이해와 적용 – 민수기

이 하나님께 올라가는 유일한 것이요, 주와 성도 간에 이루어지는 신령한 교통이다.

따라서 우리는 그리스도께서 이루신 대속으로 말미암아 제사장이 아님에도 하나님 앞으로 나아갈 수 있게 된 은혜를 감사하고, 하나님의 뜻이 이루어지도록 기도해야 할 것이다.

"금제단 위에 청색 보자기를 펴고 해달의 가죽 덮개로 덮고 그 채를 꿰고"

민 4:11

11절 | 제사장이 촛대에서 발산되는 불빛 아래서 분향하는 것의 영적인 의미

제사장이 분향단에서 향을 피우며 기도하는 것은 독단적으로 감당할 수 없다. 그리스도, 즉 성령을 상징하는 촛대에서 비추는 빛이 성소를 비추어야 비로소 분향할 수 있다.

한편 촛대는 아침저녁으로 감람유가 지속적으로 공급되어야 불을 밝힐 수가 있다. 그렇다면 촛대에서 발산되는 불빛과 제사장이 향을 피우며 기도하는 것의 영적인 의미는 무엇일까?

성서와 지성소는 창문이 없다. 이 때문에 제사장은 등대에서 발산되는 빛의 도움으로 향단으로 나아가 향을 피우며 기도하였다. 그런데 등대는 성령의 상징인 감람유의 공급으로 빛을 발산하였다. 이 때문에 제사장이 촛대에서 발산되는 빛으로 인해 분향단에서 향을 사르며 기도한 것의 영적인 의미는 성령이 도우시는 기도와(롬 8:26) 성령 안에서의 기도를 의미한다(엡 6:18).

따라서 우리는 성령의 도우심만이 지속적으로 기도할 수 있게 하고, 성령 안에서의 기도, 즉 성령 충만의 기도만 응답이 가능하다는 사실을 인지하고, 성령 충만한 신앙을 유지할 수 있어야 할 것이다.

"제단의 재를 버리고 그 제단 위에 자색 보자기를 펴고"

민 4:13

13절 여러 기구가 자색 보자기 위에 놓여 운반된 영적인 의미

번제단을 운반하는 순서는 다음과 같다. 먼저 제단의 재를 버리고 그 제단 위에 자색 보자기를 편다. 그리고 그 위에 14절에 기록된 제단 관련한 도구들을 두고 해달의 가죽 덮개를 그 위에 덮고 그 채를 꿴다.

한편 번제단은 구약시대에 제물을 잡아 화제(불살라)로 하나님께 바치는 곳으로, 십자가에서 고난당하신 그리스도와 교회에 대한 예표이다. 그래서 번제단 위에 그리스도의 왕권의 상징인 자색 보자기를 펴게 한 것이다. 특히 번제단에서 사용했던 기구들을 자색 보자기 위

성서 이해와 적용 - 민수기

에 올려놓았는데, 그 기구들은 주의 지체인 모든 성도로서 다양한 사명 감당을 뜻한다. 즉 번제단에서 태운 제물의 재를 담아두었다가 진 밖에 버리는 재를 담는 통은 문제가 되지 않도록 주의 사랑으로 녹여내는 것을 의미한다. 또 불씨를 담아 날랐던 불 옮기는 그릇은 성령이 충만하여 성도들에게 성령의 불을 붙이는 사명 감당을 의미한다. 또 재물을 잡아 가죽을 벗기고 내장을 뺀 후 번제단에 올려놓기 위하여 고기를 담아 나르는 대야는 제단이 교회의 예표란 점에서 믿지 아니한 자들을 교회로 인도하는 전도를 의미한다. 또 고기 갈고리는 번제단에 제물이 밖으로 튕겨 나가지 않도록 엮는 도구로서, 이는 성도들이 교회에서 떨어지지 않도록 결속을 돕는 성도를 의미한다. 또 부삽은 재를 긁어내는 도구로써, 교회 문제가 어디에 있는지 알고, 돕는 역할을 하는 성도를 의미한다. 결국 본문 14절의 여러 도구는 여러 은사대로 쓰임을 받는 성도들의 모습이다. 그렇다면 번제단에서 쓰임 받은 여러 기구가 자색 보자기에 놓여 운반되었다는 것은 영적으로 무엇을 의미할까?

> 자색 보자기는 그리스도의 왕권을 의미하는 것으로 제단과 관련된 도구가 자색 보자기에 놓여 운반되었다는 것은 사명을 다 마친 성도들이 그리스도와 함께 영광을 받게 되는 예표이다.
> 따라서 그리스도와 함께 받을 영광을 약속받은 성도는 마땅히 즐거워하며, 받은바 은사대로 사명을 감당해야 할 것이다(롬 8:17).

레위 각 가문의 직무 | 04

"하나님은 그의 종이라도 그대로 믿지 아니하시며 그의 천사라도 미련하다 하시나니"

― 민 4:6, 8, 11, 12, 14

6,8,11,12,14절　해달의 가죽에서의 큐티

'해달'이란 물개를 가리킨다. 물개는 물뿐만 아니라 육지에서도 적응할 수 있는 동물로, 수중에서 공격을 받아 위험에 처하면 육지로 올라와서 위기를 모면하고, 육지에서 공격을 받아 위험에 처하면 수중으로 들어가서 위기를 모면하기도 한다. 그래서 해달은 승리의 상징이다. 더욱이 해달의 가죽은 보온에 뛰어나며 견고해서 최고의 모피로 알려져 있다. 더군다나 해달의 가죽은 최고의 모피일 뿐만 아니라 방수 효과도 뛰어나서 성막의 가장 외부 덮개로 사용되었다. 이는 교회에 대한 성도의 보호를 나타낸다.

그런데 잿빛의 해달의 가죽은 그리 아름답지 않다. 이는 하나님이셨으나 인류를 구원하시기 위해 사람과 같이 되신 그리스도를 의미하는 것으로, 그리스도의 겸손을 나타낸다(빌 2:6-8).

한편 본문에서는 해달의 가죽으로 기구들을 덮었다. 해달의 가죽이 견고하여 햇빛 때문에 뜨거워진 모래와 폭풍으로부터 기구들을 보호할 수 있었기 때문에 견고한 해달의 가죽으로 기구들을 덮은 것이다. 그렇다면 해달의 가죽으로 기구들을 덮은 것과 성도와 적용하여 무엇을 큐티할 수 있을까?

성서 이해와 적용 – 민수기

> 해달의 가죽은 주의 승리와 지혜를 뜻한다. 더군다나 가장 외부에 덮개로 덮은 해달의 가죽은 주의 겸손을 뜻한다. 특히 별로 화려하지 아니한 잿빛의 해달의 가죽이 성도를 상징하는 기구들을 덮었다고 했다. 이는 성도에 대한 그리스도의 보호를 뜻한다.
>
> 한편 해달의 가죽이 번제단의 여러 기구, 즉 교회 지체인 성도들을 덮었다는 점에서 주께서는 성도들을 보호하시고 승리로 이끌어 주신다. 또 주께서는 성도에게 지혜로 역사하시고, 당신의 겸손을 본받아 좇게 하신다(마 11:29-30).
>
> 따라서 주의 대속 받은 우리는 주의 성령의 능력에 의지하여 외양의 아름다움보다 내실 있는 신앙의 아름다움을 추구할 수 있어야 할 것이다.

"진영을 떠날 때에 아론과 그의 아들들이 성소와 성소의 모든 기구 덮는 일을 마치거든 고핫 자손들이 와서 멜 것이니라 그러나 성물은 만지지 말라 그들이 죽으리라 회막 물건 중에서 이것들은 고핫 자손이 멜 것이며"

― 민 4:15

레위 각 가문의 직무 | 04

15절　고핫 자손에게 지성물을 만지거나 볼 수 없게 하신 연유

진영을 떠날 때, 즉 회막 이동시 아론과 그의 아들들이 성소와 성소의 모든 기구를 정돈하여 기구들을 덮었다. 여기에 고핫 자손은 아무런 도구도 사용하지 않고 오직 온 힘을 다해 회막의 기구들을 어깨에 메고 운반하였다. 특히 그들이 모든 기구 즉 지성물을 운반하는 사명을 맡았음에도 지성물을 만지거나 볼 수 없게 했고(20절), 만약 그들이 규칙을 지키지 아니하면 하나님의 준엄한 심판을 받아 생명을 잃게 되었다. 그렇다면 고핫 자손이 지성물을 만지거나 볼 수 없게 하신 연유는 어디에 있을까?

'지성물'이란 하나님의 것으로(겔 44:13), 지극히 거룩한 물건을 가리키는 것으로, 제사와 관련하여 속된 것과 구별되어 하나님께 바쳐진 것이다. 즉 하나님께 드린 예물이나(민 18:19), 하나님께 드린 제물의 일부 또는 남은 부분을 가리키고(레 21:22), 성전 제사에 사용된 물건도 지성물이라 불렀으며, 이것에 접촉하는 것 또한 거룩하게 여김을 받았다(출 30:22-29). 그래서 하나님께서는 지성물을 운반할 때에 아론과 그의 아들들, 즉 제사장만 제사에 사용한 기구들, 즉 지성물을 운반에 적당하도록 만지며 정돈하게 하셨고, 고핫 자손을 비롯하여 그 누구도 지성물을 만지거나 볼 수 없게 하셨다. 만지거나 보는 자는 생명을 잃게 되었다.

한편 아간은 하나님의 것으로 구별한 것을 도둑질하여 숨겼을 때, 백성이 아이 성 전투에서 패전하였고, 결국 아간과 그의 집

성서 이해와 적용 – 민수기

사람들을 처형하자 아이 성 전투에서 승리할 수 있었다(수 6:18-19; 7:20-21, 25-26).

또 사사 입다는 암몬을 치러 나갈 때 서원했다. 즉 그는 하나님께서 승리를 주신다면 "평안히 돌아올 때에 누구든지 내 집 문에서 나와서 나를 영접하는 그는 여호와께 돌릴 것이니"라고 서원하였다. 그런데 참담하게도 입다가 개선할 때에 그의 사랑하는 무남독녀가 그를 영접했다. 하지만 입다는 개선할 때 자기 집 문에서 나와서 자기를 영접하는 자를 하나님께 돌린다고 했기 때문에 참담한 상황에서 서원을 이행할 수밖에 없었다(삿 11:30-31, 34-40).

또 웃사는 하나님의 소유, 즉 지성물인 법궤를 운반하다가 그것을 만진 연유로 즉사하였다(삼하 6:3-7).

결국 하나님의 것, 즉 거룩한 것을 범한 자들이 생명을 잃게 되었다.

따라서 우리는 하나님의 것을 구별하여 범하지 말아야 한다. 주의 주권에 해당하는 안식일로 지키고 있는 주일 성수와 십일조 바치는 것과 감사하는 신앙을 잃지 말고, 공연히 주의 종들과 교회를 대적하지 말아야 할 것이다.

레위 각 가문의 직무 | 04

> "진영을 떠날 때에 아론과 그의 아들들이 성소와 성소의 모든 기구 덮는 일을 마치거든 고핫 자손들이 와서 멜 것이니라 그러나 성물은 만지지 말라 그들이 죽으리라 회막 물건 중에서 이것들은 고핫 자손이 멜 것이며"
>
> ― 민 4:15

15절 | 죽지 아니한 연유

하나님께서는 제사장 외 그 누구도 지성물을 만질 수 없도록 하셨다. 또 제사장 외 그 누구도 성소에 들어가 분향하며 기도할 수 없도록 하셨다. 또 하나님께서는 모세와 아론, 대제사장 외 그 누구도 지성소에 들어갈 수 없도록 하셨다. 하지만 우리는 지성물을 만지며 정돈하기도 하고 말씀의 은혜를 사모하며 성경의 의도를 깨닫고자 하고, 또 하나님께 열렬히 기도하는 자들이 되었다. 그런데도 우리는 본문 15절 말씀과 같이 죽지 않는다. 그렇다면 어떠한 연유에서 우리가 죽지 않을까?

하나님께서는 고핫 자손이 해 받지 않도록 지성물을 만지거나 볼 수 없게 하셨다. 하지만 성도는 지성물을 만지거나 볼 수 있게 되었고, 사명이 다를 뿐 누구든지 기도하며 주께 나아갈 수 있게 되었다. 이는 예수 그리스도께서 십자가에서 고난 받으심으로 말미암아 인류의 구원을 위해 중보자의 사명을 감당하셨기 때문이다(히 9:15-22).

따라서 우리는 하나님과 우리 사이에 중보자가 되어주신 그리스도께 감사하는 신앙을 잃지 말아야 할 것이다.

성서 이해와 적용 – 민수기

"제사장 아론의 아들 엘르아살이 맡을 것은 등유와 태우는 향과 항상 드리는 소제물과 관유이며 또 장막 전체와 그 중에 있는 모든 것과 성소와 그 모든 기구니라"

민 4:16

16절 제사장과 일반 레위인의 구별에 대한 구체적인 의도

제사장 아론의 아들 엘르아살은 고핫 자손들을 감독하였고, 그는 다음과 같은 일을 맡았다. 즉 그는 등유와 태우는 향과 항상 드리는 소제물과 관유와 또 장막 전체와 그중에 있는 모든 것과 성소와 그 모든 기구들이었다. 특히 '소제물'은 곡식 제물의 상번제로서 아침저녁에 바쳤다. 하나님께서는 엘르아살의 맡은 일에서 제사장과 일반 레위인과 구별을 의도하셨다. 그렇다면 엘르아살이 맡은 것 중에서 제사장과 일반 레위인의 구별에 대한 구체적인 의도는 무엇이었을까?

제사장 아론의 아들 엘르아살은 일반 레위인보다 직접적인 책임을 맡아 성물(기구)들을 만질 수 있었고, 성물(기구)에 관련한 모든 일을 감독하였다. 특히 성막 안에 있는 모든 기구(성물)들과 기름에 대한 책임을 졌다. 제사장이었던 엘르아살이 맡은 일은 언제든지 제사가 가능할 수 있도록 준비하였다.

한편 제사장은 일반 레위인과 맡은 바 일을 나누지 않고 오직 제사장에게 부여된 구별된 사명을 감당한다. 하지만 성도들은 제사장, 즉 목회자의 양육과 지도 아래서 여러 기능의 사명을 감당한다. 여기에 제사장, 즉 목회자와 일반 레위인 성도에 대한 구체적인 의도는 다음과 같다. 제사장은 일반 레위인과 같이 제사장의 직임을 나눌 수 없다는 측면에서 구별과 제사장직에 대한 하나님의 주권의 의도를 말할 수 있다. 또 고핫, 게르손, 므라리 가문이 아론의 지도 아래 하나님의 교회를 섬겼다는 점에서 성도들은 여러 모양으로 주를 섬기며 연합하여 질서 유지를 하고 주의 의도를 이룬다.

따라서 우리는 교회 안에서의 구별과 조화 또 질서 유지를 생각하고 신앙생활을 해야 할 것이다.

"여호와께서 또 모세와 아론에게 말씀하여 이르시되 너희는 고핫 족속의 지파를 레위인 중에서 끊어지게 하지 말지니 그들이 지성물에 접근할 때에 그들의 생명을 보존하고 죽지 않게 하기 위하여 이같이 하라 아론과 그의 아들들이 들어가서 각 사람에게 그가 할 일과 그가 멜 것을 지휘하게 할지니라 그들은 잠시라도 들어가서 성소를 보지 말라 그들이 죽으리라"

― 민 4:17-20

17-20절 성소를 보는 자가 죽게 되는 연유

성막, 즉 회막에서 사용하는 기구들은 수레에 실어 끌거나 어깨에 메고 운반하도록 하였다. 여기서 어깨에 메고 나르는 기구(성물)는 수레에 실어 나르는 것보다 더 중요하다.

성서 이해와 적용 – 민수기

 한편 고핫 자손은 아론과 그의 아들들의 지휘 아래 기구들을 어깨에 메어 운반할 수는 있었으나 지성물에 접근할 수가 없었고, 성소를 볼 수 없도록 하셨다. 특히 제사장 외 누구든지 성소를 보는 자마다 생명을 잃게 된다. 그렇다면 어떠한 연유에서 성소를 보는 자가 죽게 될까?

> 출애굽기 33:20에서 하나님을 보는 자들은 반드시 죽는다고 기록되어 있다. 이 때문에 하나님의 임재가 일어나는 성소를 보는 자가 죽게 되고, 성서의 지성물에 접근하는 자도 죽는다(삼상 6:19). 이는 죄 많은 인간이 경솔하게 하나님께 나아올 수 없음을 경고하기 위함이었다.
> 따라서 우리는 중보 되신 그리스도의 대속에 의지하여 경외하는 신앙으로 주께 나아가야 할 것이다.

레위 각 가문의 직무 | 04

"그들은 잠시라도 들어가서 성소를 보지 말라 그들이 죽으리라"
―――――――――――――――――――――――― 민 4:20

| 20절 | 순종을 위한 두 가지 신앙의 전제

레위인인 고핫 자손은 제사직을 맡았던 아론과 아론의 아들들과 동일한 자손들이었다. 그런데도 고핫 자손에게는 성소에 들어갈 수가 없었고, 성소를 보는 것조차 허용되지 않았다. 더욱이 그들은 아론의 아들들이 정돈한 지성물을 어깨에 메고 운반할 뿐, 그들이 그것들을 만지거나 아주 짧은 시간, 즉 잠시라도 성소를 볼 수 없게 하셨다. 그런데 여기에는 순종을 위한 두 가지 신앙의 전제가 있어야 한다. 그렇다면 순종을 위한 두 가지 신앙의 전제는 무엇일까?

> 순종을 위한 두 가지 신앙의 전제 중 첫째는, 사명에 대한 하나님의 주권을 인정하는 것이다. 왜냐하면, 제사직을 맡았던 아론과 아론의 아들들도 고핫 자손이란 점에서 사명에 대한 하나님의 주권을 인정하지 아니하면 불순종할 수밖에 없기 때문이다.
> 순종을 위한 두 가지 신앙의 전제 중 둘째는, 미미한 작용이라고 생각되는 것도 하나님의 말씀이기 때문에 중요하게 수용하고, 순종하는 온전한 신앙에 이르는 것이다(마 5:19, 48).
> 따라서 온전하고자 하는 우리는 하나님의 주권에 순종하고, 한결같이 말씀의 방향을 좇아야 할 것이다.

성서 이해와 적용 – 민수기

"여호와께서 또 모세에게 말씀하여 이르시되 게르손 자손도 그 조상의 가문과 종족에 따라 계수하되 삼십 세 이상으로 오십 세까지 회막에서 복무하고 봉사할 모든 자를 계수하라 게르손 종족의 할 일과 멜 것은 이러하니 곧 그들이 성막의 휘장들과 회막과 그 덮개와 그 위의 해달의 가죽 덮개와 회막 휘장 문을 메며 뜰의 휘장과 성막과 제단 사방에 있는 뜰의 휘장 문과 그 줄들과 그것에 사용하는 모든 기구를 메며 이 모든 것을 이렇게 맡아 처리할 것이라 게르손 자손은 그들의 모든 일 곧 멜 것과 처리할 것을 아론과 그의 아들들의 명령대로 할 것이니 너희는 그들이 멜 짐을 그들에게 맡길 것이니라 게르손 자손의 종족들이 회막에서 할 일은 이러하며 그들의 직무는 제사장 아론의 아들 이다말이 감독할지니라"

―― 민 4:21-28

21-28절 사명 맡은 자가 간과하면 안 되는 것

게르손 자손은 레위의 장자요, 립니와 시므이의 부친이다(출 6:16, 17). 그의 자손들은 아론의 아들 이다말의 감독을 받으며, 성막 몸체와 뜰의 포장과 그 부속물들을 관리하여 운반하였다(3:25, 26). 즉 게르손 자손은 25-26절의 성물들을 관리하여 운반하였다. 그런데 본문에서는 사명 맡은 자가 반드시 간과해서는 안 되는 말씀이 기록되어 있다. 그렇다면 사명 맡은 자가 간과하면 안 되는 것이 무엇일까?

민수기 1:3에서는 싸움에 나갈만한 자들을 20세 이상으로 계수하였다. 이는 물리적인 성전에 참여할 자의 연령이다. 그리고 성막에서 임무를 맡았던 본문의 게르손 자손은 30세로부터 50세까지로 제한하였다. 이는 영적인 전쟁에 참여할 자의 연령이다.

그런데 전쟁에 나갈 수 있는 자의 연령 제한보다 성막에서 봉사할 자의 연령 제한이 더 엄격했다. 즉 전쟁에 나갈 수 있는 자들의 연령은 20세 이상 또 다른 제한을 두지 않았지만 성막에서 봉사하는 자들의 연령은 20세보다 더 높은 30세부터 50세까지로 제한하였다. 이 때문에 성도들은 영적인 전쟁이 혈과 육의 전쟁보다 더욱 완숙한 신앙이 요청되었다는 점을 간과해서는 안 된다.

따라서 우리는 완숙한 신앙의 분투를 위해 온전하게 하시는 주의 성령께 배우고, 또 목회자의 목양을 받으며, 성령께서 우리를 인도해 주시도록 기도의 삶을 살아야 할 것이다.

"게르손 종족의 할 일과 멜 것은 이러하니"
민 4:24

24절 운반의 수단에서 발견된 영적인 의미

게르손 자손이 성막의 기구들을 운반할 때 '멜 것은'이라고 했다. 여기에서 메고 가는 것은 고핫 자손 같이 어깨에 메는 것이 아닌 수레들을 이용하여 기구들을 옮긴 것을 말한다(민 7:1-7).

성서 이해와 적용 – 민수기

한편 고핫 자손만이 제사 의식과 관련하여 사용된 지성물을 어깨 위에 메고 운반하였다. 그런데 게르손 자손이 수레로 옮기는 것보다 고핫 자손이 어깨 위에 메고 운반하는 지성물이 더욱 무겁고 힘든 일이었다. 그런데도 고핫 자손은 반드시 어깨 위에 지성물을 메고 운반하도록 했다. 이리하여 게르손 자손이 고핫 자손보다 용이하게 성막의 기구들을 옮길 수가 있었다. 그렇다면 운반의 수단에서 발견된 영적인 의미는 무엇일까?

고핫 자손이 제사와 직접 관련이 있는 지성물을 관리하고 운반했다는 것의 영적인 의미는 주의 사역에 있어서 중차대한 일을 맡은 자들을 가리킨다. 또 손쉽게 성물을 수레에 실어 나른 게르손 자손에 대한 영적인 의미는 고핫 자손보다 더 쉬운 사명을 맡은 자들을 가리킨다.

그런데 하나님께서 성도들에게 사명을 분배하신다. 중차대하고 희생이 요청되는 사명이든, 또 좀 더 용이한 사명이든 간에 주께서 주의 모든 일은 분배하셨다.

따라서 우리는 희생이 더 많이 요청되는 사명이든, 용이한 사명이든 간에 하나님께서 분배하셨다는 사실을 인지하고, 사명 감당을 위해 능력을 구하며 충성해야 할 것이다.

레위 각 가문의 직무 | 04

"너는 므라리 자손도 그 조상의 가문과 종족에 따라 계수하되 삼십 세부터 오십 세까지 회막에서 복무하고 봉사할 모든 자를 계수하라 그들이 직무를 따라 회막에서 할 모든 일 곧 그 멜 것은 이러하니 곧 장막의 널판들과 그 띠들과 그 기둥들과 그 받침들과 뜰 둘레의 기둥들과 그 받침들과 그 말뚝들과 그 줄들과 그 모든 기구들과 그 것에 쓰는 모든 것이라 너희는 그들이 맡아 멜 모든 기구의 품목을 지정하라 이는 제사장 아론의 아들 이다말의 수하에 있을 므라리 자손의 종족들이 그 모든 직무대로 회막에서 행할 일이니라"

— 민 4:29-33

29-33절 | 신앙생활을 비롯하여 주의 일에 대한 사명 감당의 기본 전제

므라리 자손은 성막의 기둥과 받침들, 즉 본문 31-32절에서 기록된 성막의 기구들을 운반하였다. 그런데 본문 31절 상반절에는 '직무를 따라 회막에서 하는 모든 일'이라고 기록되어 있다. 여기서 '직무'란 '지키다', '준수하다'라는 뜻에서 유래한 말로, '맡겨진 책무', '감당하고 지켜야 할 직분'을 가리킨다. 그런데 '직무'란 말의 유래에서 사명 감당의 기본 전제를 시사하고 있다. 그렇다면 신앙생활을 비롯하여 주의 일에 대한 사명 감당의 기본 전제는 무엇일까?

> '직무'란 '지키다', '준수하다'라는 뜻에서 유래하였다. 그래서 사명 감당의 전제는 인간의 열의보다 주의 말씀이 전제한 순종이요, 충성이다.
> 따라서 우리는 말씀과 성령이 인도하시는 사명 감당을 해야 할 것이다.

성서 이해와 적용 - 민수기

"모세와 아론과 회중의 지도자들이 고핫 자손들을 그 종족과 조상의 가문에 따라 계수하니 삼십 세부터 오십 세까지 회막에서 복무하고 봉사할 모든 자 곧 그 종족대로 계수된 자가 이천칠백오십 명이니 이는 모세와 아론이 여호와께서 모세에게 명령하신 대로 회막에서 종사하는 고핫인의 모든 종족 중 계수된 자이니라 게르손 자손 중 그 종족과 조상의 가문을 따라 계수된 자는 삼십 세부터 오십 세까지 회막 봉사에 참여하여 일할 만한 모든 자라 그 종족과 조상의 가문을 따라 계수된 자는 이천육백삼십 명이니 이는 모세와 아론이 여호와의 명령대로 회막에서 종사하는 게르손 자손의 모든 종족 중 계수된 자니라 므라리 자손의 종족 중 그 종족과 조상의 가문을 따라 계수된 자는 삼십 세부터 오십 세까지 회막에서 복무하고 봉사할 모든 자라 그 종족을 따라 계수된 자는 삼천이백 명이니 이는 모세와 아론이 여호와께서 모세에게 명령하신 대로 므라리 자손들의 종족 중 계수된 자니라 모세와 아론과 이스라엘 지휘관들이 레위인을 그 종족과 조상의 가문에 따라 다 계수하니 삼십 세부터 오십 세까지 회막 봉사와 메는 일에 참여하여 일할 만한 모든 자 곧 그 계수된 자는 팔천오백팔십 명이라 그들이 할 일과 짐을 메는 일을 따라 모세에게 계수되었으되 여호와께서 모세에게 명령하신 대로 그들이 계수되었더라"

민 4:34-49

34-49절 사명 맡은 자가 염두에 둘 것

본문에서는 30세부터 50세까지 회막(성막)에서 복무하고 봉사할 레위 세 가문의 총계에 대해 기록하였다. 여기에서 고핫 자손은 2,750명, 게르손 자손은 2,630명, 므라리 자손은 3,200명으로, 세 가문에서 8,580명이 계수되었다(48절). 여기에서 성막 봉사자에 대한 계수는 사

레위 각 가문의 직무 | 04

명을 맡은 자들에게 대한 하나님의 관심을 나타낸다. 그런데 성막 봉사에서 계수된 자는 오늘날 교회 봉사를 위한 사명 맡은 자의 모형이기도 한다. 그렇다면 성막 봉사자에 대한 세세한 계수에서 사명 맡은 자가 염두에 둘 것은 무엇일까?

> 하나님께서는 성도의 일거수일투족을 감찰하신다. 이리하여 예수 그리스도께서는 "너희에게는 머리털까지 다 세신 바 되었나니(마 10:30)"라고 하시고, 성도에 대한 지고한 관심을 나타내셨다.
>
> 한편 거룩한 전쟁을 위한 백성을 계수하신 하나님께서는 본문에서 성막(회막)에서 봉사할 자를 계수하시며 관심을 나타내셨다. 여기에서 계수된 자는 하나님의 소유다. 또 하나님께서는 소유된 자기 백성을 지켜주시고 인도하신다. 특히 백성을 계수하시는 하나님께서는 자기 백성의 충성, 그 진실의 여부까지도 달아보신다(삼상 2:3).
>
> 따라서 우리는 충성의 여부를 달아 보시는 하나님을 염두에 두고 마음을 새롭게 하여 오직 충성의 신앙을 잃지 말아야 할 것이다(고전 4:1-2).

5장
진영의 정결과 의심법

서 론

하나님께서는 광야 여정을 본격적으로 시작하기 전 신정국가인 이스라엘 백성에게 절대적인 성결을 유지하도록 하였다. 즉 백성 중에 부정한 자를 진영 밖으로 추방하도록 하였다. 또 이웃에게 행한 죄를 해소하는 방법 및 의심받는 아내를 판결하고 그 문제를 해결하는 방법 등이 제시되어 있다. 이는 광야 같은 거친 여정을 지나는 성도들이 지켜야 하는 성결의 삶을 나타내고자 했다.

> "여호와께서 모세에게 말씀하여 이르시되 이스라엘 자손에게 명령하여 모든 나병 환자와 유출증이 있는 자와 주검으로 부정하게 된 자를 다 진영 밖으로 내보내되 남녀를 막론하고 다 진영 밖으로 내보내어 그들이 진영을 더럽히게 하지 말라 내가 그 진영 가운데에 거하느니라 하시매 이스라엘 자손이 그같이 행하여 그들을 진영 밖으로 내보냈으니 곧 여호와께서 모세에게 이르신 대로 이스라엘 자손이 행하였더라"
>
> ──────── 민 5:1-4

진영의 정결과 의심법 | 05

1-4절 교회와 성도들이 삶 가운데 추방해야 할 것

'나병'이란 '때리다'라는 뜻에서 유래한 말이다. 히브리인들에게서 이 병은 형벌적 의미로 받아들여졌다(사 1:6). 육체의 조직과 기능을 해치는 질병이며, 구약에서는 여타의 악성 피부병까지도 포함하여 부정한 것으로 취급되었다(레 13장). '유출증'이란 '흐르다'라는 뜻에서 유래한 말로, 생식기 등을 통해 신체 밖으로 피나 분비물이 계속 흘러나오는 질병으로(레 15장), 특히 피는 생명으로 간주되었다(신 12:23). 여기에서 피를 흘리는 것은 죽음을 의미했고, 또 죽음은 죄의 산물이기에 부정한 것으로 취급되었다(레 15:2). '주검'이란 죽음의 결과물인(롬 6:23) 시체를 가리킨다. 이 역시 죄의 산물이기에 접촉하면 종교 의식법 상 부정하다 했다.

한편 본문에서 부정하게 취급된 것은 모두가 죄와 관련이 있다. 그런데 하나님께서는 진영 가운데 거하시기 때문에 남녀를 막론하고 부정한 자들을 진영 밖으로 추방하라고 명령하셨다. 그렇다면 부정한 자들이 하나님께서 거하시는 진영 안에서 추방되었다는 것은 오늘날 교회와 성도들의 삶 가운데 무엇을 추방하라는 뜻일까?

> 예수 그리스도를 믿는 성도는 하나님의 성전이요, 하나님께서는 성도들과 함께 거하신다(고전 3:16). 또 누구든지 하나님의 성전을 더럽히면 하나님께서 그 사람을 멸하신다고 했다(고전 3:17). 더욱이 성전을 더럽힌 자, 즉 죄를 추방하지 아니한 자는 주의 나라에 들어갈 수 없다고 하였다(계 21:27).

성서 이해와 적용 - 민수기

따라서 성도는 진영 안에서 즉 성도들이 교통하는 교회에서 또 성도 개인의 삶 가운데서 죄를 추방하고, 성결을 유지할 수 있어야 할 것이다.

"이스라엘 자손에게 명령하여 모든 나병 환자와 유출증이 있는 자와 주검으로 부정하게 된 자를 다 진영 밖으로 내보내되 남녀를 막론하고 다 진영 밖으로 내보내어 그들이 진영을 더럽게 하지 말라 내가 그 진영 가운데에 거하느니라 하시매"
—— 민 5:2-3

2-3절 부정하게 된 자를 진영 밖으로 추방하게 하신 하나님의 목적

하나님께서는 남녀를 막론하고 부정하게 된 자를 모두 진영 밖으로 추방하라고 말씀하셨다. 여기에는 그만한 하나님의 목적이 있다. 그렇다면 부정하게 된 자들을 진영 밖으로 추방하게 하신 하나님의 목적은 어디에 있을까?

하나님께서는 성민 이스라엘에 "하나님께 대하여 거룩하라"라고 말씀하셨다. 이는 하나님께서 거룩하시고, 또 하나님께서 만민 중에 이스라엘 백성을 구별하시고 당신의 소유로 삼으셨기 때문이다(레 20:26).

한편 하나님의 소유된 백성은 하나님을 증언하는 삶, 즉 빛과 소금의 사명을 감당해야 한다. 그런데 누룩같이 파급력을 지닌 죄악은 개인이 부패할 뿐만 아니라 신앙의 공동체가 죄악에 빠

지도록 하고, 또 이는 '등불을 켜서 말 아래'에 두는 것과 같다. 이 때문에 하나님께서는 부정하게 된 자들을 진영 밖으로 추방하라고 하신 것이다.

따라서 하나님께 대하여 합당하고 세상을 향해 빛과 소금의 사명을 감당하고자 하는 우리는 회개의 열매를 풍성하게 맺고 성령의 능력을 힘입어 항상 성결을 유지할 수 있어야 할 것이다.

> "여호와께서 모세에게 말씀하여 이르시되 이스라엘 자손에게 이르라 남자나 여자나 사람들이 범하는 죄를 범하여 여호와께 거역함으로 죄를 지으면"
>
> ─ 민 5:5-6

5-6절 | 이웃 간의 죄가 여호와께 죄가 되는 연유

본문에는 이웃 간의 저질러진 죄에 대한 말씀이다. 여기에서 죄에 대한 책임은 남자와 여자, 모두에게 동일하게 적용되었다.

한편 본문 6절 하반절에서는 이웃 간의 죄를 범하는 자를 가리켜 "여호와께 거역함으로 죄를 지으면"이라고 하였다. 그렇다면 어떠한 연유에서 이웃 간의 죄가 여호와를 거역하는 죄가 될까?

> 하나님께서는 이웃에 대한 사랑과 공의에 대한 계명을 주셨다. 그래서 본문에서의 '죄'란 하나님의 말씀과 주권을 거부한 것으로, 이웃 간의 죄가 여호와를 거역하는 죄가 된다.
>
> 따라서 하나님께 순종하고자 하는 우리는 이웃과의 관계에서 사랑과 정의를 나타내야 할 것이다.

성서 이해와 적용 – 민수기

> "여호와께서 모세에게 말씀하여 이르시되 이스라엘 자손에게 이르라 남자나 여자나 사람들이 범하는 죄를 범하여 여호와께 거역함으로 죄를 지으면 그 지은 죄를 자복하고 그 죄 값을 온전히 갚되 오분의 일을 더하여 그가 죄를 지었던 그 사람에게 돌려줄 것이요 만일 죄 값을 받을 만한 친척이 없으면 그 죄 값을 여호와께 드려 제사장에게로 돌릴 것이니 이는 그를 위하여 속죄할 속죄의 숫양과 함께 돌릴 것이니라"
>
> ─ 민 5:5-8

5-8절 이웃 간의 죄를 해결 할 수 있는 세 가지 대안

본문에는 이웃 간의 죄를 해결할 수 있는 세 가지 대안을 제시하였다. 그렇다면 이웃 간의 죄를 해결할 수 있는 세 가지는 대안은 어떤 것일까?

이웃 간의 죄를 해결할 수 있는 세 가지 대안은 다음과 같다.

첫째, 하나님께 죄를 고백하고 참회하는 것이다(7절).

둘째, 피해자를 찾아가 만족할 만큼 위로와 보상을 하는 것이다(7절).

셋째, 문제가 해결될 때까지 최선을 다하는 것이다(8절).

한편 이웃에 대한 사랑은 곧 하나님께 대한 사랑이다. 또 이웃에 대한 죄는 곧 하나님께 대한 죄다.

따라서 우리는 본문 말씀대로 이웃 간의 지은 죄에 대하여 적극적으로 대처하며, 이웃과 화목해야 할 것이다.

> "만일 죄 값을 받을 만한 친척이 없으면 그 죄 값을 여호와께 드려 제사장에게로 돌릴 것이니 이는 그를 위하여 속죄할 속죄의 숫양과 함께 돌릴 것이니라"
>
> ─ 민 5:8

8절 배상에 대한 하나님의 의도

속건제는 하나님께 바쳐진 제물이나 성물에 대해 율법을 알지 못하고 범한 허물이나, 인간관계에서 상대방에게 해를 끼치거나 범과했을 때에(주로 십계명 가운데 제5-10계명에 속함) 그 죄를 용서받기 위해 드려졌다. 특히 속건제는 제사를 드린다고 해서 없어지는 것이 아니었기 때문에 제단 뿔에 희생 제물의 피가 뿌려지지 않았고, 손해에 따른 가치를 배상하므로 죄가 사라졌다. 그래서 해를 끼친 자는 속건제를 위하여 숫양 한 마리와 함께 손해를 끼친 자에게는 오분의 일을 더하여 배상하도록 했다(레 5:16).

한편 본문에서는 배상을 받을 만한 당사자나 그 친족이 없을 경우라도 그것은 반드시 제사장에게 돌려 갚도록 했다. 그렇다면 배상을 갚을 당사자나 친족이 없는 경우, 그 배상을 제사장에 돌리게 하신 하나님의 의도는 어디에 있을까?

불의한 재물을 가지고 더 큰 재물을 축적하는 사례들이 있다. 그런데 본문에서 하나님께서는 배상할 당사자나 친족이 없는 경우라도 범죄자, 즉 손해를 입힌 자가 그것을 취할 수 없도록 하고, 그것을 제사장에게 돌리도록 하였다. 이렇게 하여 하나님께서는 불의한 재물에 대한 하나님의 심판을 의도하시고, 범죄자

성서 이해와 적용 – 민수기

가 부당한 이익을 취할 수 없도록 하였다.

따라서 우리는 성령을 의지하여 선·악 간에 심판하시는 하나님 앞에서 스스로 책임질 수 있는 삶을 살아야 할 것이다.

> "이스라엘 자손이 거제로 제사장에게 가져오는 모든 성물은 그의 것이 될 것이라 각 사람이 구별한 물건은 그의 것이 되나니 누구든지 제사장에게 주는 것은 그의 것이 되느니라"
> ──────────────────── 민 5:9-10

9-10절 | 제사장의 몫이 되는 거제물의 의미에서의 큐티와 거제물에 합당한 성도의 삶

민수기 5:5-8에서 요청되는 속건제는 거제로 드렸다. 여기서 '거제'란 희생 제물을 높이 쳐들어서 바치는 제사를 가리킨다. 여기서 쳐드는 것은 하늘에 계신 하나님께 봉헌한다는 뜻이고, 이 제사의 제물은 하나님께 바쳤다가 제사장이 다시 하나님으로부터 받았다는 것을 상징한다(출 29:27-28; 레 7:14), 그리고 10절에서 '구별한 물건'은 사람의 범주에서 벗어나 하나님께 완전히 바쳤다는 뜻이다. 여기서는 거제물, 요제물, 십일조 등으로 드린 예물을 가리킨다(18:8-20).

한편 하나님께 바쳐졌다는 것은 신약시대의 성도들을 의미하기도 한다. 여기에는 성도들이 지향해야 하는 삶이 나타나 있다. 그렇다면 최종적으로 제사장의 몫이 되는 거제물의 의미에서의 큐티와 성도들이 영적인 거제물이라고 했을 때, 거제물에 합당한 성도들의 삶은 어떠해야 할까?

진영의 정결과 의심법 | 05

　제사장 몫이 되는 거제물은 하나님께 바쳤다가 제사장이 다시 하나님으로부터 받았다는 것을 상징한다(출 29:27-28; 레 7:14). 여기에는 흔들어서 바치는 요제물과 또 십일조가 포함된다. 그런즉 성도는 주의 종의 섬김이 하나님을 섬기는 신앙과 맞물려 있음을 인정해야 한다. 또 성전의 일을 하는 이들은 마땅히 성전에서 나는 것을 먹는다는 것도 인정해야 한다(고전 9:13). 더욱이 성도들의 양육을 위한 주의 종의 권세가 하나님께로부터 왔음을 인정하고 순종해야 할 것이다.
　그리고 거제물에 합당한 성도들의 삶이란 거제물이 하나님께 바쳐졌다는 점에서 주의 소유된 백성이란 사실을 인지하고, 헌신의 삶을 일관할 수 있어야 할 것이다(롬 12:1-2).

"여호와께서 모세에게 말씀하여 이르시되 이스라엘 자손에게 말하여 그들에게 이르라 만일 어떤 사람의 아내가 탈선하여 남편에게 신의를 저버렸고 한 남자가 그 여자와 동침하였으나 그의 남편의 눈에 숨겨 드러나지 아니하였고 그 여자의 더러워진 일에 증인도 없고 그가 잡히지도 아니하였어도 그 남편이 의심이 생겨 그 아내를 의심하였는데 그의 아내가 더럽혀졌거나 또는 그 남편이 의심이 생겨 그 아내를 의심하였으나 그 아내가 더럽혀지지 아니하였든지 그의 아내를 데리고 제사장에게로 가서 그를 위하여 보리 가루 십분의 일 에바를 헌물로 드리되 그것에 기름도 붓지 말고 유향도 두지 말라 이는 의심의 소제요 죄악을 기억나게 하는 기억의 소제라 제사장은 그 여인을 가까이 오게 하여 여호와 앞에 세우고 토기에 거룩한 물을 담고 성막 바닥의 티끌을 취하여 물에 넣고 여인을 여호와 앞에 세우고 그의 머리를 풀게 하고 기억나게 하는 소제물 곧 의심의 소제물을 그의 두 손에 두고 제사장은 저주가 되게 할 쓴 물을 자기 손에 들고 여인에게 맹세하게 하여 그에게 이르기를 네가 네 남편을 두고 탈선하여 다른 남자와 동침하여 더럽힌 일이 없으면 저주가 되게 하는 이 쓴 물의 해독을 면하리라 그러나 네가 네 남편을 두고 탈선하여 몸을 더럽혀서 네 남편 아닌 사람과 동침하였으면 (제사장이 그 여인에게 저주의 맹세를 하게 하고 그 여인에게 말할지니라) 여호와께서 네 넓적다리가 마르고 네 배가 부어서 네가 네 백성 중에 저줏거리, 맹셋거리가 되게 하실지라 이 저주가 되게 하는 이 물이 네 창자에 들어가서 네 배를 붓게 하고 네 넓적다리를 마르게 하리라 할 것이요 여인은 아멘 아멘 할지니라 제사장이 저주의 말을 두루마리에 써서 그 글자를 그 쓴 물에 빨아 넣고 여인에게 그 저주가 되게 하는 쓴 물을 마시게 할지니 그 저주가 되게 하는 물이 그의 속에 들어 가서 쓰리라 제사장이 먼저 그 여인의 손에서 의심의 소제물을 취하여 그 소제물을 여호와 앞에 흔들고 제단으로 가지고 가서 제사장은 그 소제물 중에서 한 움큼을 취하여 그 여자에게 기억나게 하는 소제물로 제단 위에 불사르고 그 후에 여인에게 그 물을 마시게 할지라 그 물을 마시게 한 후에 만일 여인이 몸을 더럽혀서 그 남편에게 범죄하였으면 그 저주가 되게 하는 물이 그의 속에 들어가서 쓰게 되어 그의 배가 부으며 그의 넓적다리가 마르니 그 여인이 그 백성 중에서 저줏 거리가 될 것이니라 그러나 여인이 더럽힌 일이 없고 정결하면 해를 받지 않고 임신하리라 이는 의심의 법이니 아내가 그의 남편을 두고 탈선하여 더럽힌 때나 또는 그 남편이 의심이 생겨서 자기의 아내를 의심할 때에 여인을 여호와 앞에 두고 제사장이 이 법대로 행할 것이라 남편은 무죄할 것이요 여인은 죄가 있으면 당하리라"

― 민 5:11-31

11-31절 남편에게 의심받는 아내의 재판 절차

남편에게 의심받는 아내를 판결할 때 남편이 먼저 의심받는 아내를 데리고 제사장에게로 간다(15절). 그리고 소제를 하나님께 드린다(15절). 제사장이 그 여성의 순결 여부를 알기 위해 정해진 예식을 치렀다(16-31절). 그렇다면 무엇을 의도하고 순결 여부를 알기 위한 복잡한 절차를 치르게 하였을까?

남성 중심의 가부장제 사회에서 재판이 없이 남편의 심증에 따라 아내의 순결 여부가 결정된다면 아내의 인권이 침해를 받을 수가 있다. 그래서 하나님께서는 여성의 기본권을 인정하는 동시에 가정의 평화를 유지할 수 있도록 정해진 예식을 따라 아내의 순결 여부를 재판하도록 하셨다.

따라서 우리는 인권을 존중하시는 하나님의 사랑을 기억하고 근거 없는 의심으로 말미암아 배우자에게 상처를 주지 않도록 해야 할 것이다.

성서 이해와 적용 – 민수기

"여호와께서 모세에게 말씀하여 이르시되 이스라엘 자손에게 말하여 그들에게 이르라 만일 어떤 사람의 아내가 탈선하여 남편에게 신의를 저버렸고 한 남자가 그 여자와 동침하였으나 그의 남편의 눈에 숨겨 드러나지 아니하였고 그 여자의 더러워진 일에 증인도 없고 그가 잡히지도 아니하였어도 그 남편이 의심이 생겨 그 아내를 의심하였는데 그의 아내가 더럽혀졌거나 또는 그 남편이 의심이 생겨 그 아내를 의심하였으나 그 아내가 더럽혀지지 아니하였든지 그의 아내를 데리고 제사장에게로 가서 그를 위하여 보리 가루 십분의 일 에바를 헌물로 드리되 그것에 기름도 붓지 말고 유향도 두지 말라 이는 의심의 소제요 죄악을 기억나게 하는 기억의 소제라"
———————————————————— 민 5:11-15

11-15절 부부간의 성윤리를 사회문제로 취급하신 내용

본문에는 아내가 남편에게 의심받는 두 사례를 말한다. 하나는 아내가 실제 도리에서 벗어나 부정한 행위를 했으나 증거가 없는 경우다. 또 다른 하나는 아내가 부정한 행위를 하지 아니했음에도 남편이 아내를 의심하는 경우다. 본문 14절에는 두 사례가 모두 기록되어 있다.

한편 본문에서 기록된 것은 부부 문제이다. 그런데도 하나님께서는 이 문제를 사생활이 아닌 사회적인 문제로 취급하시고 경고하셨다. 그렇다면 본문 중에서 사회문제로 취급하신 내용은 어떤 것일까?

15절 상반절에 "그의 아내를 데리고 제사장에게로 가서"이다. 한편 사회의 기초요, 뿌리는 건강한 가정을 위한 부부관계에서 시작된다. 그래서 부부간의 성적 타락이 사회 전체에 파급될 위험이 있다는 점에서 사회적인 문제로 취급하셨다.

진영의 정결과 의심법 | 05

> 따라서 건강한 사회를 기대하는 우리는 부부간의 건강한 성도덕을 유지하여 건강한 가정을 구축해야 할 것이다.

"그의 아내를 데리고 제사장에게로 가서 그를 위하여 보리 가루 십분의 일 에바를 헌물로 드리되 그것에 기름도 붓지 말고 유향도 두지 말라 이는 의심의 소제요 죄악을 기억나게 하는 기억의 소제라"

―― 민 5:15

15절 | 전자의 여인에게 나타내고자 한 것과 후자의 여인에게 배려한 것

본문에서는 아내의 불륜을 의심하는 남편이 아내를 제사장에게로 데려가 의심의 소제를 드리도록 했다. 첫째는 불륜이 사실임에도 남편의 눈에 숨겨 드러나지 아니하였거나 증인이 없는 상태에서 남편에게 의심을 받는 사례이고, 둘째는 의처증으로 인해 아내를 의심하는 사례이다. 여기에서 의심의 소제는 일반 제사에서 사용한 고운 가루의 소제가 아닌(레 2:1) 고운 가루에 반값에 지나지 않는 거친 보릿가루 십분의 일 에바(에바:마른 곡물 측량 단위로 약 22리터)를 헌물로 드리도록 했다(왕하 7:1). 특히 보리 소제물은 밀가루로 드리는 일반 소제와 달리 값비싼 기름이나 유향을 두지 않도록 했다.

한편 의심의 소제에서 지정한 헌물은 두 여인의 사례를 나타내고, 배려한 것이다. 즉 부정한 전자의 여인을 나타내고자 했고, 허물이 없는 후자의 여인을 배려한 것이다. 그렇다면 의심의 소제에서 전자의 여인에게 나타내고자 한 것은 무엇이며, 후자의 여인에게 배려한 것은 무엇일까?

성서 이해와 적용 – 민수기

> 전자의 여인에게 보리 소제물은 그 여인의 부끄러운 행실에 대한 열매의 상징으로 볼 수 있다. 그렇기 때문에 거칠고 값싼 보리 소제물에 성령과 은혜의 상징인 기름과 유향을 두지 않도록 한 것이다. 또 후자의 여인은 남편의 의처증으로 인해 의심을 받았다는 점에서 반드시 여인의 억울함이 신원되어야 한다. 그래서 가난한 자라도 경제적인 부담이 없이 제사장에게 나아올 수 있도록 보리 소제물에 기름과 유향을 두지 아니하도록 한 것이다. 이렇게 하여 하나님께서는 전자의 사례의 여인은 심판하시고(레 18:20; 신 22:22-24), 후자의 사례의 여인은 명예를 회복해 주시고, 가정이 화평하도록 조치하셨다.
>
> 따라서 신성한 결혼 관계가 깨지지 아니하도록 남편과 아내가 피차 성결을 유지하고 공연히 배우자를 의심하지 말아야 할 것이다.

"제사장은 그 여인을 가까이 오게 하여 여호와 앞에 세우고"
민 5:16

16절 부정을 의심받는 자를 여호와 앞에 세운 것에 대한 행동

남편에게 부정을 의심받는 여인은 그 의심을 풀기 위해 남편과 함께 제사장에게로 갔다. 그런데 본문에서 제사장은 그 여인을 가까이 오게 하여 여호와 앞, 즉 성소 앞에 세웠다고 했다. 그렇다면 부정을 의심받는 자를 여호와 앞에 세웠다는 것은 무엇에 대한 행동일까?

진영의 정결과 의심법 | 05

> 제사장이 부정을 의심받는 여인을 여호와 앞에 세웠다는 것은 의심받는 여인을 성소 입구 세웠다는 말이다. 이는 하나의 암시로 주님만이 이 난제를 풀 수 있다는 신앙적 행동을 뜻한다.
> 따라서 주의 지혜와 능력을 믿는 우리는 난제 앞에서 낙심하지 말고, 오히려 적극적으로 주께 나아가 문제를 해결하고자 해야 할 것이다.

"토기에 거룩한 물을 담고 성막 바닥의 티끌을 취하여 물에 넣고"
―――――― 민 5:17

17절 | 거룩한 물에 넣은 티끌에서 나타난 메시지

제사장은 남편에게 부정을 의심받는 여인을 여호와 앞에 세웠다. 그리고 본문 17절에서 "토기에 거룩한 물을 담고 성막 바닥에 티끌을 취하여 물에 넣고"라고 했다. 여기에서 거룩한 물은 하나님의 능력, 은혜의 의미가 있고, 티끌(출 8:16-19)은 저주, 징벌의 상징적인 의미가 있다.

한편 번제단과 회막 사이에 물두멍의 물로 추정되는 신성한 물(출 32:20)에 넣은 티끌은 결국 죄 있는 자에게는 해롭게 역사하고, 죄 없는 자에게는 의로움을 밝히는 것으로 작용하였다. 그렇다면 거룩한 물에 티끌을 넣도록 한 것은 부정을 의심받는 여인에게 무엇을 나타내고자 했을까?

성서 이해와 적용 – 민수기

> 거룩한 물은 주의 능력과 은혜의 상징인 반면 티끌은 저주의 상징이다. 그런데 부정과 상관이 없는 여인이라고 해도 남편에게 의심받는다는 것은 저주의 상징처럼 고통스럽고 수치스러운 일이다. 그런데 허물이 없는 여인은 거룩한 물, 즉 주께서 신원하시는 은혜로 인해 임신의 은혜를 받았고(28절), 실제 부정한 여인은 영원한 불임의 징벌을 받았다. 이렇게 하여 하나님께서는 부정을 의심받는 여인에게 공정한 재판이 이루어졌음을 증거하셨다.
>
> 따라서 하나님의 공정과 은혜를 믿는 우리는 억울한 상황에서도 낙심하지 말고, 신원의 때를 기다리며 기도해야 할 것이다.

"여인을 여호와 앞에 세우고 그의 머리를 풀게 하고 기억나게 하는 소제물 곧 의심의 소제물을 그의 두 손에 두고 제사장은 저주가 되게 할 쓴 물을 자기 손에 들고"

― 민 5:18

18절　두 가지 중 하나의 결말이 나타나는 연유

제사장은 본문 상반절에서 부정을 의심받는 여인을 여호와 앞에 세우고 그의 머리를 풀게 하였다. 이는 여인이 자기 남편을 향한 진정을 지키지 않거나 또 의처증이 있을 수 있으나 진정을 지키지 아니한 것처럼 보임으로 인해 자기 영광을 더럽혔다는 것을 표시하기 위해 머리를 풀게 하였다(욥 2:12; 고전 11:5-10). 본문 중반절에서 제사장은 여인에게 생각하게 하는 소재물을 그 두 손에 두었다. 이는 부정을 의심받고 있는 여인이 하나님 앞에 그녀 생활의 결과를 보여 드리고 그 결과에 대한 심리를 청한다는 것을 뜻한다. 본문 하반절에서 여인을 여호와 앞에 세운 제사장이 여인에게 맹세하기 위하여(19절) 저주가 되게 할 쓴 물을 자기 손에 들었다. 여기에서 '쓴 물'이란 문자 그대로 물이 쓰다는 것이 아니라 죄 있는 자에게는 쓰라린 고통을 가져올 유죄 판결과 심판으로 가득 차 있다는 뜻이다.

한편 주의 사역을 수행하는 제사장은 부정을 의심받은 여인에게 맹세하였다. 이는 최종 판결자가 하나님 되심을 증언하기 위함이었다. 그런데 부정을 의심받는 여인은 반드시 두 가지 중 하나의 결말을 맞는다. 그렇다면 두 가지와 두 가지 중 하나의 결말은 무엇이며, 어떠한 연유에서 부정을 의심받은 여인에게 두 가지 중 하나의 결말이 나타날까?

'두 가지'란 부정을 의심받는 여인과 그렇지 아니한 여인을 가리킨다. 또 '두 가지 중 하나'란 여인에게 불임이 되어 수치가 되든지 혹은 의심이 풀어져서 명예가 회복되든지 결국은 사실에 근거하여 나타났다. 이는 하나님 앞에서 만물이 벌거벗은 것같이 드러나기 때문이다.

따라서 우리는 진실의 결국이 있음을 알고, 죄지은 자는 회개하고 의심받는 자는 주의 신원하심에 의지해야 할 것이다(히 4:13).

성서 이해와 적용 – 민수기

"제사장은 그 여인을 가까이 오게 하여 여호와 앞에 세우고 토기에 거룩한 물을 담고 성막 바닥의 티끌을 취하여 물에 넣고 여인을 여호와 앞에 세우고 그의 머리를 풀게 하고 기억나게 하는 소제물 곧 의심의 소제물을 그의 두 손에 두고 제사장은 저주가 되게 할 쓴 물을 자기 손에 들고 여인에게 맹세하게 하여 그에게 이르기를 네가 네 남편을 두고 탈선하여 다른 남자와 동침하여 더럽힌 일이 없으면 저주가 되게 하는 이 쓴 물의 해독을 면하리라 그러나 네가 네 남편을 두고 탈선하여 몸을 더럽혀서 네 남편 아닌 사람과 동침하였으면 (제사장이 그 여인에게 저주의 맹세를 하게 하고 그 여인에게 말할지니라) 여호와께서 네 넓적다리가 마르고 네 배가 부어서 네가 네 백성 중에 저줏거리, 맹셋거리가 되게 하실지라 이 저주가 되게 하는 이 물이 네 창자에 들어가서 네 배를 붓게 하고 네 넓적다리를 마르게 하리라 할 것이요 여인은 아멘 아멘 할지니라"
— 민 5:16-22

16-22절 유죄 판결이 기록된 구절과 그 결과

제사장은 본문 19절에서 부정을 의심받은 여인에게 맹세하게 하여 다른 남자와 동침하여 더럽힌 일이 없으면 저주가 되게 하는 이 쓴 물(고통을 가져올 유죄 판결의 결과)의 해독을 면하리라고 하였다. 그런데 본문에는 쓴 물의 유죄 판결의 결과가 기록된 구절이 있다. 그렇다면 본문에서 유죄 판결이 기록된 구절과 그 결과는 무엇일까?

> 유죄 판결의 결과가 기록된 구절은 21-22절이다.
> 한편 여기에 나타난 부인병은 하나님의 직접적인 간섭에 의해 엄청난 고통을 수반하였고, 불임을 유발하는 것이었다. 그런데

도 부정하지 아니한 여인이라면 두려워하지 아니하고 제사장의 이 엄청난 소송 제기에 응하여 '아멘! 아멘!' 하였고, 그렇게 할 수 없는 여인은 스스로가 죄인임을 드러냈다. 특히 '아멘'이란 '진실로 옳습니다', '제가 동의합니다', '주님 그렇게 하십시오' 란 뜻이 있다(신 27:26). 그런데 하나님께서는 이렇게 하여 여성의 인권이 취약했던 시대에 부정을 의심받는 여인을 신원해 주시고 명예를 회복하도록 율법을 제정하셨다.

따라서 우리는 남녀노소, 빈부귀천을 막론하고 인류에 대한 하나님의 보편적인 인권의 의도를 알고, 공연히 의심하거나 중상하여 타인의 명예를 훼손하지 말아야 할 것이다.

"제사장이 저주의 말을 두루마리에 써서 그 글자를 그 쓴 물에 빨아 넣고 여인에게 그 저주가 되게 하는 쓴 물을 마시게 할지니 그 저주가 되게 하는 물이 그의 속에 들어 가서 쓰리라 제사장이 먼저 그 여인의 손에서 의심의 소제물을 취하여 그 소제물을 여호와 앞에 흔들고 제단으로 가지고 가서 제사장은 그 소제물 중에서 한 움큼을 취하여 그 여자에게 기억나게 하는 소제물로 제단 위에 불사르고 그 후에 여인에게 그 물을 마시게 할지라 그 물을 마시게 한 후에 만일 여인이 몸을 더럽혀서 그 남편에게 범죄하였으면 그 저주가 되게 하는 물이 그의 속에 들어가서 쓰게 되어 그의 배가 부으며 그의 넓적다리가 마르니 그 여인이 그 백성 중에서 저줏거리가 될 것이니라 그러나 여인이 더럽힌 일이 없고 정결하면 해를 받지 않고 임신하리라"

민 5:23-28

성서 이해와 적용 - 민수기

23-28절 부정하지 아니한 여인에게 나타나는 징표

제사장은 부정을 의심받는 여인을 가까이 오게 하여 여호와 앞에 세우고 그 여인의 손에서 의심의 소제물을 취한다. 여인에게 취한 소제물을 여호와 앞에 흔들고 제단으로 가지고 간다. 또 제사장은 소제물 중에서 한 움큼을 취하여 그 여자에게 기억나게 하는 소제물로 제단 위에 불사른다. 여인이 가능한 한 가장 엄숙하고 온전한 상태에서 거룩한 하나님을 대면하게 하여 저주의 말이 기록된 두루마리를 물에 넣어 준비한 그 물을 마시도록 하였다.

한편 실제 부정한 여인이든 그렇지 아니한 여인이든 판결의 절차는 동일하였다. 그렇지만 부정한 여인과 그렇지 아니한 여인에게 나타나는 결과는 상반된 것이었다. 그렇다면 부정하지 아니한 여인에게는 어떠한 징표가 나타났을까?

> 부정하지 아니한 여인에게는 하나님께서 그를 사랑하신다는 징표로서 임신하는 은혜를 주셨다(삼상 2:5; 시 127:3; 눅 1:57). 이렇게 하여 하나님께서는 부정을 의심받는 여인이 존중받게 하셨고, 명예를 회복시켜 주셨다.
>
> 따라서 우리는 오직 온 힘을 다해 약속 있는 말씀을 좇고, 기도를 쉬지 말아야 할 것이다.

진영의 정결과 의심법 | 05

"이는 의심의 법이니 아내가 그의 남편을 두고 탈선하여 더럽힌 때나 또는 그 남편이 의심이 생겨서 자기의 아내를 의심할 때에 여인을 여호와 앞에 두고 제사장이 이 법대로 행할 것이라 남편은 무죄할 것이요 여인은 죄가 있으면 당하리라"

― 민 5:29-31

29-31절 죄로 취급하지 아니한 것

아내의 부정을 의심한 남편은 그 여인을 여호와 앞에 두고 제사장이 법대로 하였다. 그런데 여인이 부정하지 않다 하더라도 남편은 무죄하였다. 그렇다면 무엇을 남편의 죄로 취급하지 않았을까?

아내의 부정을 의심했던 남편은 아내의 무죄가 드러날지라도 처벌되지 아니했다. 이는 아내에 대한 의심 자체가 정죄 대상이 아님을 시사한다. 그렇지만 아내가 무죄할 경우 남편은 평생 동안 그 아내를 보살펴야 했고, 아내의 아버지에게 은 일백 세겔을 정신적인 피해 보상금으로 주고 장인을 위로해야 했다(신 22:13-19). 이렇게 하여 부정을 의심하는 남편은 그 의심에서 자유를 얻게 하고 스스로 아내의 명예를 회복하게 하여 건강한 가정을 세우도록 하였다.

따라서 우리는 진실을 인정받지 못할 때에도 낙심하지 말고 진리 가운데 거해야 할 것이다.

6장
나실인에 관한 규례와 백성을 향한 제사장의 축복 선언

서 론

이스라엘 백성은 하나님의 소유요, 하나님께서 택하신 거룩한 백성이요, 제사장 역할을 담당하는 민족이었다(출 19:5-6; 벧전 2:5, 9). 특히 본장에는 남녀를 막론하고 자신의 몸을 구별하여 드린 나실인 규례에 대하여, 또 제사장이 백성을 향해 하나님의 보호와 은혜와 평강 등 축복을 선언하도록 하였다.

> "여호와께서 모세에게 말씀하여 이르시되 이스라엘 자손에게 전하여 그들에게 이르라 남자나 여자가 특별한 서원 곧 나실인의 서원을 하고 자기 몸을 구별하여 여호와께 드리려고 하면"
> ──────────── 민 6:1-2

1-2절 좁은 의미, 넓은 의미에서의 영적인 나실인

'나실인'을 가리키는 히브리어 '나지르'는 '~에서 스스로 떠나다', '자신을 구별하다'라는 뜻에서 유래한 말로, '구별된 자', '하나님께 드려진(헌신된) 자'란 의미이다. 서원을 통해 평생 혹은 한시적으로 세상

나실인에 관한 규례와 백성을 향한 제사장의 축복 선언 | 06

에 소욕을 끊고 오직 하나님께만 헌신 봉사하는 자를 가리킨다. 특히 나실인 서원은 남녀를 막론하고 할 수 있었고, 성서에 기록된 나실인은 삼손(삿 13:5), 사무엘(삼상 1:11), 세례 요한(눅 1:15)등이 있다.

한편 오늘날에도 나실인이 존재하고 영원히 나실인은 존재한다. 여기에서 나실인은 영적인 나실인이다. 그렇다면 누가 좁은 의미, 넓은 의미에서의 영적인 나실인일까?

> 좁은 의미에서 영적인 나실인은 오직 주를 섬기기 위해 안수된 사역자들을 가리킨다. 또 넓은 의미에서 나실인은 일생 동안 헌신의 삶을 작정한 성도들이다. 그런데 성도의 의지만이 아닌 하나님께서 힘주시고 은혜 주셔야만 나실인의 삶을 살 수 있다.
> 따라서 구별된 나실인의 삶을 희구하는 우리는 항상 성령 충만해야 할 것이다(롬 12:1).

> "포도주와 독주를 멀리하며 포도주로 된 초나 독주로 된 초를 마시지 말며 포도즙도 마시지 말며 생포도나 건포도도 먹지 말지니 자기 몸을 구별하는 모든 날 동안에는 포도나무 소산은 씨나 껍질이라도 먹지 말며"
> ──────── 민 6:3-4

3-4절 나실인에게 금지한 규례의 연유와 영적인 의도

본문에서 금지한 것, 즉 포도와 연관된 것들이 육체적 쾌락을 상징한다. 그런데 나실인은 포도주와 독주 또 포도주로 된 초(발효된 포도

성서 이해와 적용 – 민수기

주)나 독주로 된 초를 마실 수 없도록 하였다. 또 부득이 술이 아니더라도 포도와 연관된 것은 모두 식용할 수 없게 하였다. 그렇다고 해서 본문에서 금지한 것 자체가 하나님의 뜻과 상치된다고 볼 수 없다. 이는 본문에서 금지한 것들까지도 하나님께서 창조하신 물질계에 속해 있기 때문이다(딤전 4:4). 그런데도 본문에서는 영적인 의도를 가지고 나실인에게 본문의 것들을 금지하였다. 그렇다면 나실인이 포도주나 독주, 또 포도와 연관된 것들을 식용할 수 없게 한 연유와 영적인 의도는 어디에 있을까?

> 나실인은 서원한 기간에 세상의 소욕을 끊고 나실인의 규례대로 하나님께 헌신하였다. 특히 포도주나 독주, 독주로 된 초는 이성을 마비시키는 것으로, 하나님의 거룩한 뜻을 수행하는 데 걸림돌이 된다. 이 때문에 나실인의 규례에서 포도주나 독주, 또 독주로 된 초를 금하였다. 그리고 포도와 연관된 것들이 육체적 쾌락을 상징한다. 이 때문에 나실인의 규례에서 하나님만을 기쁘시게 해야 한다는 영적인 의도에서 포도와 연관된 것들을 금지하였다(엡 5:18).
> 따라서 우리는 성령 충만의 능력으로 하나님만을 기쁘시게 하는 신앙 제일주의의 삶을 지향해야 할 것이다.

나실인에 관한 규례와 백성을 향한 제사장의 축복 선언 | 06

> "그 서원을 하고 구별하는 모든 날 동안은 삭도를 절대로 그의 머리에 대지 말 것이라 자기 몸을 구별하여 여호와께 드리는 날이 차기까지 그는 거룩한즉 그의 머리털을 길게 자라게 할 것이며"
>
> ─ 민 6:5

5절 긴 머리의 상징에서 나타난 나실인의 내적인 결단의 뜻

나실인은 서원을 하고 구별하는 모든 날 동안 절대 칼로 머리털을 자르거나 밀지 못하도록 하였다. 여기에서 머리털은 영예와 생명, 또는 자기 위에 주관자가 있다는 것의 상징으로(고전 11:3-16), 하나님께 대한 나실인의 내적인 결단의 외적인 표시였다. 그렇다면 나실인의 머리털을 기르게 한 것과 관련하여 하나님께 대한 나실인의 내적인 결단의 뜻은 무엇이었을까?

나실인의 긴 머리는 자신에 대한 하나님의 권위와 주권을 인정한다는 뜻이다. 그래서 나실인은 하나님만 섬기는 동안 복잡한 규례를 지키고 온전하게 순종하여 하나님께 영광을 돌렸다. 그런데 성도 또한 그리스도의 대속으로 구원받았다는 점에서 주의 구속은 성도에 대한 나실인의 표가 된다.

따라서 주의 대속함 받은 우리는 나실인의 긴 머리털의 상징같이 주의 주권, 즉 구원의 생명, 주의 자녀 된 자의 영예를 인정하고, 오직 구별하여 순종의 삶으로 일관해야 할 것이다.

성서 이해와 적용 – 민수기

"자기의 몸을 구별하여 여호와께 드리는 모든 날 동안은 시체를 가까이 하지 말 것이요 그의 부모 형제 자매가 죽은 때에라도 그로 말미암아 몸을 더럽히지 말 것이니 이는 자기의 몸을 구별하여 하나님께 드리는 표가 그의 머리에 있음이라"

민 6:6-7

6-7절 시체과 관련된 세 가지 의미

나실인은 부모, 형제, 자매가 죽은 때에라도 그 시체에 접근할 수 없었다. 또 대제사장의 경우에도 나실인의 규례대로 시체를 가까이하지 못하게 했다(레 21:11).

한편 예수 그리스도께서도 주검과 관련하여 아버지의 장례식으로 번민하는 제자에게 "죽은 자들이 그들의 죽은 자들을 장사하게 하고 너는 나를 따르라"라고 가르치셨다(마 8:21-22). 그런데 나실인과 대제사장에게 시체를 가까이하지 못하도록 한 것과 아버지의 장사보다 주를 먼저 따르게 하신 주의 말씀에는 성도들의 신앙을 위한 두 가지 의미가 있다. 그렇다면 본문의 규례에서 시체와 관련하여 성도들의 신앙을 위한 두 가지 의미는 무엇인가?

첫째, 시체는 죄의 결과로 부정하게 여겨졌다(창 2:17; 3:19; 롬 6:23). 그래서 나실인은 가까운 사람이라고 해도 구별한 모든 날 동안 저주의 상징인 주검에 가까이하지 않도록 하였다. 이는 주의 대속으로 말미암아 영생을 얻은 자에게 주어지는 성별의 의미가 있다.

둘째, 아버지의 장례식으로 염려하는 제자에게 "죽은 자들이

나실인에 관한 규례와 백성을 향한 제사장의 축복 선언 | 06

그들의 죽은 자들을 장사하게 하고 너는 나를 따르라"라고 하신 주의 말씀은 인간의 기본적인 윤리를 파괴하라는 의미가 아니다. 이는 하나님께 대한 온전한 헌신과 또 주의 일에 대한 우선 순위에 대한 의미가 있다.

따라서 주께 생명의 은혜를 받은 우리는 구별된 삶과 또 주를 닮아가고자 하는 온전한 신앙을 추구하고, 주의 일이 모든 일보다 우선순위에서 밀리지 않도록 해야 할 것이다.

> "누가 갑자기 그 곁에서 죽어서 스스로 구별한 자의 머리를 더럽히면 그의 몸을 정결하게 하는 날에 머리를 밀 것이니 곧 일곱째 날에 밀 것이며"
>
> ─ 민 6:9

9절　더럽힌 연유로 머리털을 밀게 한 영적인 의미

본문 상반절에는 "누가 갑자기 그 곁에서 죽어서"라고 했다. 또 본문 중반절에서는 "스스로 구별한 자의 머리를 더럽히며"라고 했다. 여기에서 '머리'란 자기 몸을 구별하여 하나님께 드리는 표다. 그런데 정결하게 하는 날, 즉 나실인 서원을 하고 구별한 모든 날 동안에 시신을 가까이 접촉한 나실인의 경우 "머리를 밀 것이니 곧 일곱째 날에 밀 것이며"라고 했다. 이는 시체의 오염으로 인해 더럽혀졌기 때문에 주검에 가까이 한 날로부터 7일째 되는 날에 그 머리털을 밀도록 했다. 그렇다면 본문의 나실인 규례에서 더럽힌 것으로 인해 머리털을 밀게 한 영적인 의미는 무엇이었을까?

성서 이해와 적용 - 민수기

나실인은 본장 1-8절 말씀에서 나타난 규례를 지켜야 한다. 하지만 본문 9절 상반절에서 "갑자기 그 곁에서 죽어서"라고 기록되어 있다. 이는 서원을 한 자의 도움이 급히 필요하여 나실인이 규례를 어기고 시체에 손을 대지 않을 수 없던 정황이든지 기타 여러 돌발적인 상황에서 서원한 자가 시체를 가까이하여 규례를 어긴 사례다.

한편 죽은 자와 관련하여 머리털을 깎는 것은 이스라엘에서 금지된 규정이었다(신 14:1). 그런데도 본문에서는 고의가 아닌 상황에서 시신을 가까이한 자, 즉 나실인은 자기 몸을 구별하여 하나님께 드리는 표가 그 머리에 있었기 때문에 하나님 앞에서 범죄를 시인하고 자신의 죄악을 완전히 없이 한다는 뜻에서 머리를 밀었다. 그래서 본문에서의 규례는 이스라엘에서 금지된 규례가 아닌(신 14:1) 슬픔과 통회의 표시로 진실한 회개를 뜻한다(사 22:12; 암 8:10).

따라서 주의 소유된 성도들은 자신이 고의적으로 범한 죄뿐 아니라 무의식 중에 실수로 범한 허물까지도 숨기지 말고 회개해야 할 것이다.

06 나실인에 관한 규례와 백성을 향한 제사장의 축복 선언

> "누가 갑자기 그 곁에서 죽어서 스스로 구별한 자의 머리를 더럽히면 그의 몸을 정결하게 하는 날에 머리를 밀 것이니 곧 일곱째 날에 밀 것이며 여덟째 날에 산비둘기 두 마리나 집비둘기 새끼 두 마리를 가지고 회막 문에 와서 제사장에게 줄 것이요 제사장은 그 하나를 속죄제물로, 하나를 번제물로 드려서 그의 시체로 말미암아 얻은 죄를 속하고 또 그는 그 날에 그의 머리를 성결하게 할 것이며 자기 몸을 구별하여 여호와께 드릴 날을 새로 정하고 일 년 된 숫양을 가져다가 속건제물로 드릴지니라 자기의 몸을 구별한 때에 그의 몸을 더럽혔은즉 지나간 기간은 무효니라"
>
> ─ 민 6:9-12

9-12절 | 나실인의 규례를 범한 자에게 부과된 것에 내포한 영적인 의미

불가항력적인 상황에서 주검을 가까이 한 나실인은 다음과 같은 절차를 따랐다. 먼저 주검을 가까이 한 날로부터 7일째 되는 날에 머리를 밀고, 또 그다음 날에는 산비둘기나 집비둘기 두 마리를 제사장에게 주어, 하나는 속죄 제물로 하나는 번제로 드리게 했다. 그다음 그는 다시 나실인으로 서원하고 또 그 날에 일 년 된 숫양을 속건 제물로 여호와께 드리고, 그 날에 나실인의 기간을 다시 정하도록 했다(지나간 기간은 무효). 이같이 서원을 한 자가 주검을 가까이했을 경우 다시 나실인의 서원을 하기까지 여러 제사를 위한 제물을 드리도록 했다.

한편 '속죄제'란 죄를 속하기 위해 하나님께 드리는 제사로 성경에 나오는 희생 제사 중 제일 중요하고 기본적인 것이다(레 4:2-5:13), '번제'란 하나님께 완전한 헌신을 다짐한다는 표로 드려졌다(레 1:3-17). '속건제'란 하나님께 바쳐진 제물이나 성물에 대해 율법을 알

성서 이해와 적용 – 민수기

지 못하고, 범한 허물이나 인간관계에서 상대방에게 해를 끼치거나 범과했을 때에(주로 십계명 가운데 5-10계명이 속함) 그 죄를 용서받기 위해서 드렸다. 그러나 속건제는 제사를 드린다고 해서 죄가 없어지지 아니했다. 그래서 제단 뿔에 희생 제물의 피가 뿌려지지 않았고, 그것은 손해에 따른 가격을 배상함으로 죄가 사라졌다.

특히 본문 11절 하반절에서 "또 그는 그날에 그의 머리를 성결케 할 것이며"라고 했다. 이는 하나님께 다시 몸을 바쳐 자기 머리가 자유롭게 자라나게 하는 것으로서 이는 머리를 성결케 한다는 뜻이다. 여기에서 나실인 규례를 범한 자가 드리는 제사와 머리를 성결케 하는 것과 또 나실인의 기간을 다시 정하여 헌신하는 것에는 여러 영적인 뜻이 있다. 그렇다면 본문에서 나실인의 규례를 범한 자에게 부과된 것에 내포된 영적인 의미는 무엇일까?

나실인에 관한 규례와 백성을 향한 제사장의 축복 선언 | 06

 규례를 범한 나실인은 죄를 속하기 위해 하나님께 드리는 속죄제를 드렸다. 이는 규례를 범한 나실인에 대한 용서의 의미가 있다. 또 나실인의 규례를 범한 자는 완전한 헌신을 뜻하는 번제를 드렸다. 이는 규례를 범한 나실인이 온전히 헌신할 자의 위상을 회복한다는 의미가 있다. 이같이 규례를 범한 나실인은 주검을 가까이 한 날로부터 칠 일째 되는 날에 머리를 밀고, 그 다음 날에 속죄제와 번제를 드리고, 하나님께 다시 몸을 바쳐 자기 머리가 자유롭게 자라나게 하는 것으로서 머리를 성결케 하였다. 이는 나실인이 자기 몸을 구별하여 하나님께 드리는 표가 머리에 있기 때문이었다.
 또 규례를 범한 나실인은 구별된 날들이 무효가 되었으므로 다시 기간을 정하고, 속건제를 드렸다. 속건제는 종교적으로나 인간관계에서 허물이나 손해에 따른 배상을 하며 드리는 제사였다. 여기에서 배상은 나실인이 힘써 의지를 다하여 나실인의 사명을 감당하겠다는 의미가 내포되어있다. 그런데 속건제를 드리며 다시 나실인 서원을 하기 전에 먼저 자기 몸을 구별하여 하나님께 드리는 표가 되는 머리를 성결케 하였다. 이는 나실인의 사명 감당과 성결이 맞물려 있음을 시사한다.
 따라서 우리는 삶 가운데 구별된 신앙의 삶을 확고하게 하여 나실인의 표로 삼고, 주의 은혜에 의존할 뿐만 아니라 의지를 다하여 말씀이 곧 생활이 되게 해야 할 것이다.

성서 이해와 적용 – 민수기

"나실인의 법은 이러하니라 자기의 몸을 구별한 날이 차면 그 사람을 회막 문으로 데리고 갈 것이요 그는 여호와께 헌물을 드리되 번제물로 일 년 된 흠 없는 숫양 한 마리와 속죄제물로 일 년 된 흠 없는 어린 암양 한 마리와 화목제물로 흠 없는 숫양 한 마리와 무교병 한 광주리와 고운 가루에 기름 섞은 과자들과 기름 바른 무교전병들과 그 소제물과 전제물을 드릴 것이요 제사장은 그것들을 여호와 앞에 가져다가 속죄제와 번제를 드리고 화목제물로 숫양에 무교병 한 광주리를 아울러 여호와께 드리고 그 소제와 전제를 드릴 것이요 자기의 몸을 구별한 나실인은 회막 문에서 자기의 머리털을 밀고 그것을 화목제물 밑에 있는 불에 둘지며 자기의 몸을 구별한 나실인이 그의 머리 털을 민 후에 제사장이 삶은 숫양의 어깨와 광주리 가운데 무교병 하나와 무교전병 하나를 취하여 나실인의 두 손에 두고 여호와 앞에 요제로 흔들 것이며 그것과 흔든 가슴과 받들어올린 넓적다리는 성물이라 다 제사장에게 돌릴 것이니라 그 후에는 나실인이 포도주를 마실 수 있느니라 이는 곧 서원한 나실인이 자기의 몸을 구별한 일로 말미암아 여호와께 헌물을 드림과 행할 법이며 이외에도 힘이 미치는 대로 하려니와 그가 서원한 대로 자기의 몸을 구별하는 법을 따라 할 것이니라"

―――――――――――――――――――― 민 6:13-21

13-21절 헌신의 기간을 마친 나실인이 바친 제물의 예표

나실인은 서약한 헌신의 기간을 마쳤을 때, 회막문에서 하나님과 사람 앞에서 공개적으로 자신의 헌신 기간이 끝났음을 밝혔다. 한편 본문에서의 나실인은 삼손(삿 13:5), 사무엘(삼상 1:11), 세례 요한(눅 1:15) 등 평생 동안 하나님께 몸을 바친 나실인이 아닌 특정 기간 서약한 한시적인 나실인을 가리킨다. 그런데 서약한 기간 헌신을 마친 나실인은 네 가지 종류의 제사, 즉 번제, 속죄제, 화목제, 소제를 드렸다. 여기에서 제사는 서원을 마친 나실인의 신앙고백이었을 뿐만 아

나실인에 관한 규례와 백성을 향한 제사장의 축복 선언 | 06

니라 오늘날 바람직한 성도들의 신앙을 예표인 측면이 있다. 그렇다면 본문에서 서약한 헌신의 기간을 마친 나실인이 바친 제물은 무엇을 예표할까?

> 나실인은 서원한 기간에 규례를 지키며 하나님께 충성하였다. 그런데 나실인은 헌신의 기간을 마쳤을 때, 그리스도의 대속의 예표인 네 가지 종류의 제사를 드렸다. 이는 나실인이 충성을 다했다 할지라도 오직 인류의 대속을 이루신 주의 공로만이 서원을 마친 자가 하나님 앞에 설 수 있게 하셨다는 예표다.
> 따라서 우리는 일생 동안 충성하되, 우리의 대속자 그리스도를 의지하여 승리의 삶을 이루어야 할 것이다.

"나실인의 법은 이러하니라 자기의 몸을 구별한 날이 차면 그 사람을 회막 문으로 데리고 갈 것이요"

— 민 6:13

13절 | 헌신의 기간을 마친 나실인이 회막으로 나아갔던 연유

나실인은 헌신하기로 서약했던 기간을 완전히 마쳤을 때, 그 사람을 하나님의 임재가 나타났던 회막 문으로 데려갔다. 이는 헌신한 자와 맞물려 있는 하나님의 전지하심과 관련이 있다. 그렇다면 헌신의 기간을 마친 나실인이 회막문으로 나아갔던 것은 무엇을 의미할까?

성서 이해와 적용 – 민수기

나실인 서원을 하여 마친 자는 하나님과 사람 앞에서 공개적으로 자신의 헌신 기간이 끝났음을 알리기 위해서 회막문 앞으로 나아갔다. 이는 그의 충성과 헌신을 하나님께서 아신다는 뜻이다. 이 때문에 주께서는 신앙의 발로에서 "냉수 한 그릇이라도 주는 자는 결단코 상을 잃지 않겠다"라고 하신 것이다(마 10:42).

따라서 우리는 무엇으로 심든지 거둔다는 사실을 인지하고 헌신과 충성의 삶을 일관해야 할 것이다(갈 6:7).

> "그는 여호와께 헌물을 드리되 번제물로 일 년 된 흠 없는 숫양 한 마리와 속죄제물로 일 년 된 흠 없는 어린 암양 한 마리와 화목제물로 흠 없는 숫양 한 마리와"
>
> ─ 민 6:14

14절 서약 기간을 마친 나실인에 대한 번제물의 영적인 의미

서약 기간을 마친 나실인은 하나님께 제사할 제물을 드렸다. 번제를 위하여 일 년 된 흠 없는 숫양 한 마리를 드렸다. 그런데 번제 의식은 다음과 같다. 먼저 제물을 드리는 예배자가 제물의 머리에 안수함으로써 희생 제물이 예배자의 죄를 대신 담당하게 하였고(레 1:4), 안수한 제물은 예배자가 단 북편에서 잡고(레 1:11), 가죽을 벗기고 각을 뜬 다음 제사장이 제사를 집행하였다. 제사장은 희생 제물의 피를 번제단 사면에 뿌렸고(레 1:5, 11), 예배자는 가죽을 제외한 육질에

나실인에 관한 규례와 백성을 향한 제사장의 축복 선언 | 06

대하여 각을 뜨고(등분하였음), 가죽은 제사장 몫으로 돌렸으며(레 7:8), 내장과 정강이는 물에 씻어서 제단 위에 올렸으며 그것들을 남김없이 전부 화제로 드렸다(레 1:13). 그런데 번제란 주께서 인류의 대속을 위해 아낌없이 그 몸을 내어주신 십자가의 헌신을 예표한다. 특히 여기에 그리스도인을 가리켜 '주께서 십자가에서 피 값을 지불하여 생명을 샀다'라고 한다. 그런데 번제와 서약 기간을 마친 나실인이 드린 번제물은 영적인 의미가 있다. 그렇다면 서약 기간을 마친 나실인에 대한 번제물의 영적인 의미는?

> 번제는 이스라엘에서 가장 많이 행해지는 제사 양식으로, '번제'란 제물의 머리에 안수한 예배자가 그 제물을 단 북편에서 잡고(레 1:11), 가죽을 벗기고 각을 뜬 다음 제사장이 제사를 집행하였다. 제사장은 희생 제물의 피를 번제단 사면에 뿌렸고(레 1:5, 11), 예배자는 가죽은 제사장에게 돌리고(레 7:8), 나머지 모든 육질에 대하여 각을 뜨고(등분하였음), 내장과 정강이는 물에 씻어서 제단 위에 올렸으며, 그것들을 남김없이 전부 화제로 드렸다(레 1:13). 이는 예배자에 대한 하나님의 완전한 주권과 온전한 헌신의 예표이다. 이 때문에 나실인에 대한 번제물의 영적인 의미는 나실인의 서약 기간이 끝나도 자신에 대한 주권이 하나님께 있고 또 여전히 하나님께서 자신을 통치하신다는 뜻이다.
>
> 따라서 주의 대속으로 말미암아 영적인 나실인의 은혜로 선 우리는 항상 주의 주권이 우리에게 머물러 있음을 인지하고, 즐겁게 주의 통치에 순종할 수 있어야 할 것이다.

성서 이해와 적용 – 민수기

"그는 여호와께 헌물을 드리되 번제물로 일 년 된 흠 없는 숫양 한 마리와 속죄제물로 일 년 된 흠 없는 어린 암양 한 마리와 화목제물로 흠 없는 숫양 한 마리와"

민 6:14

14절 | 서약 기간을 마친 나실인이 속죄를 위하여 바친 헌물의 영적인 의미

속죄제란 죄를 속하기 위해 하나님께 드리는 제사로 성서에 기록된 희생 제사 중 제일 중요하고 기본적인 것이다.

한편 나실인이라면 적어도 서약 기간만큼은 죄악과 거리가 먼 생활을 했을 것이다. 그런데도 본문에서 서약 기간을 마친 나실인은 그의 속죄를 위해 일 년 된 흠 없는 어린 암양 한 마리를 드렸다. 그렇다면 서약 기간을 마친 나실인이 속죄제를 위하여 바친 헌물의 영적인 의미는?

나실인은 서약 기간에 죄악과 거리가 먼 최적의 상황에서 하나님만 섬기며 헌신하였다. 그런데도 서약 기간을 마친 나실인은 그의 속죄를 위하여 속죄 제물을 바쳤다. 이는 나실인이 서약 기간에 헌신하며 충성했을지라도 하나님 앞에서 부족한 삶을 살았음을 고백한 영적인 뜻이 있다.

따라서 우리는 헌신하며 충성했을지라도 하나님 앞에서는 항상 부족하고 의롭지 못한 우리를 인지하고 항상 성령의 은혜 가운데 우리를 의탁하며 우리를 새롭게 해야 할 것이다.

06 나실인에 관한 규례와 백성을 향한 제사장의 축복 선언

> "그는 여호와께 헌물을 드리되 번제물로 일 년 된 흠 없는 숫양 한 마리와 속죄제물로 일 년 된 흠 없는 어린 암양 한 마리와 화목제물로 흠 없는 숫양 한 마리와 무교병 한 광주리와 고운 가루에 기름 섞은 과자들과 기름 바른 무교전병들과 그 소제물과 전제물을 드릴 것이요"
>
> ─ 민 6:14-15

14-15절 화목제물에서 나타난 여러 측면에서의 은혜

서약 기간을 마친 나실인은 화목제물을 드렸다. 즉 흠 없는 수양 1마리, 무교병 1광주리, 그리고 고운 가루에 기름 섞은 과자, 기름 바른 무교전병 등을 드렸다. 여기에는 하나님께서 나실인의 서약 기간에 간섭하신 여러 측면에서의 은혜가 나타나 있다. 그렇다면 화목제물에서 나타난 여러 측면에서 어떤 은혜들이 있는가?

서약 기간을 마친 나실인은 자신의 서원 기간을 마치도록 지켜주신 하나님께 감사하며 흠 없는 수양 1마리를 바쳤다. 이렇게 하여 나실인의 서원을 마친 자신을 보호해 주시고, 인도해 주신 하나님께 대한 은혜를 나타냈다. 더욱이 화목제물은 숫양 1마리뿐만 아니라 소제(밀가루의 제물)를 더하여 무교병 1광주리(진리의 말씀, 예수 그리스도), 그리고 고운 가루에 기름 섞은 과자(성령의 은혜로 말미암은 양식), 기름 바른 무교전병과 소제물과 전제물(그리스도의 속죄의 피와 성령의 예표) 등을 드렸다. 이는 서원 기간 동안 자신의 생명 유지를 위해 하나님께서 공급해 주신 일용할 양식과 성령의 인도에 대한 것이다. 이렇게 하

성서 이해와 적용 - 민수기

> 여 서원을 마친 나실인은 일용할 양식을 공급해 주신 하나님께 대한 은혜를 나타내고, 감사하며 주께 영광을 돌렸다.
> 따라서 우리는 성취에 대한 모든 영광을 하나님께 돌리고, 일용할 양식을 공급해 주신 하나님께 감사하며 영광을 돌려야 할 것이다.

> "자기의 몸을 구별한 나실인은 회막 문에서 자기의 머리털을 밀고 그것을 화목제물 밑에 있는 불에 둘지며 자기의 몸을 구별한 나실인이 그의 머리 털을 민 후에 제사장이 삶은 숫양의 어깨와 광주리 가운데 무교병 하나와 무교전병 하나를 취하여 나실인의 두 손에 두고 여호와 앞에 요제로 흔들 것이며 그것과 흔든 가슴과 받들어 올린 넓적다리는 성물이라 다 제사장에게 돌릴 것이니라 그 후에는 나실인이 포도주를 마실 수 있느니라"
> ──────────── 민 6:18-20

18-20절 머리털을 밀어 화목제물 밑에 넣어 태우는 의식의 상징

나실인은 자기 몸을 구별하여 헌신하기로 서약한 기간을 완전히 마쳤을 때, 네 가지 종류의 제물, 즉 번제, 속죄제, 화목제, 소제 등을 드렸다. 더욱이 본문에서 서약한 기간을 마친 나실인은 회막 문에서 자기 머리털을 밀고 그것을 친교와 감사를 뜻하는 화목제물 밑에 넣어 태우는 의식을 행하였다.

한편 머리는 육신의 모든 것을 대표하기도 하고, 또 머리털은 영광

나실인에 관한 규례와 백성을 향한 제사장의 축복 선언 | 06

을 뜻하기도 한다. 특히 머리털을 밀어 화목제물 밑에 넣어 태우는 의식은 서원 기간의 헌신과 미래에 대한 그 무엇을 작정을 열망하는 상징적인 의미가 포함되어 있다. 그렇다면 나실인 서원을 마친 자가 머리털을 밀어 화목제물 밑에 넣어 태우는 의식은 무엇을 상징할까?

> 서원 기간의 구별된 삶 전체를 하나님께 드린다는 상징적인 의미가 있다. 또 평범한 일상으로 돌아간 후, 더 나은 삶을 열망하는 상징적인 의미가 있다. 또 서약 기간을 마치도록 은혜 베풀어 주신 하나님께 감사와 영광을 돌리는 상징적인 의미가 있다. 이렇게 하여 서약 기간을 마친 나실인은 그 서원에서 자유롭게 되었다. 그렇지만 나실인의 서원을 마친 자라 해도 하나님의 명예에 손상이 가지 않도록 노력해야 했고, 또 평범한 일상으로 돌아간 후에도 하나님의 나라를 위해 최선의 삶을 살아야 했다.
>
> 따라서 주의 대속의 표를 가진 우리는 항상 주의 나라와 의를 구하고, 성령의 은혜 있는 삶을 살아야 할 것이다.

"이는 곧 서원한 나실인이 자기의 몸을 구별한 일로 말미암아 여호와께 헌물을 드림과 행할 법이며 이외에도 힘이 미치는 대로 하려니와 그가 서원한 대로 자기의 몸을 구별하는 법을 따라 할 것이니라"

―――― 민 6:21

성서 이해와 적용 – 민수기

21절 자기 몸을 구별한 나실인이 예물을 드리는 몇 가지 자세

본문 21절 상반절-중발절에서 "서원한 나실인이 자기의 몸을 구별한 일로 말미암아 여호와께 헌물을 드림과 행할 법이며"라고 한다. 본문 하반절에서는 "이 외에도 힘이 미치는 대로 자기의 몸을 구별하는 법을 따라 할 것이니라"라고 한다. 이는 나실인이 자기 몸을 구별한 일로 말미암아 예물을 바칠 때의 자세를 나타낸다. 그런데 본문에서는 몇 가지 예물 드리는 자세가 나타나 있다. 그렇다면 자기 몸을 구별한 나실인이 본문에서 말씀한 예물 드리는 몇 가지 자세는?

> 나실인 서약을 한 사람은 마땅한 자세로 예물을 드렸다(여호와께 헌물을 드림과 행할 법이며), 또 그는 자원하여 예물을 드리되 즉 형편에 따라 드렸다(이 외에도 힘이 미치는 대로 하려니와). 즉 경제적 형편에 따라 적은 예물을 드리기도 했고, 많은 예물을 드리기도 하였다. 특히 하나님께 감사하는 신앙의 발로에서 드렸다. 또 그는 주의 말씀의 질서를 따라 드렸다(그가 서원한 대로 자기의 몸을 구별하는 법을 따라 할 것이니라).
>
> 따라서 하나님께 나아갈 때마다 예물을 드리는 우리는 자원하여 드리고(출 36:3), 또 심고 거두는 법칙을 기억하여 풍성하게 드려야 할 것이다(고후 9:6).

나실인에 관한 규례와 백성을 향한 제사장의 축복 선언 | 06

"여호와께서 모세에게 말씀하여 이르시되 아론과 그의 아들들에게 말하여 이르기를 너희는 이스라엘 자손을 위하여 이렇게 축복하여 이르되 여호와는 네게 복을 주시고 너를 지키시기를 원하며 여호와는 그의 얼굴을 네게 비추사 은혜 베푸시기를 원하며 여호와는 그 얼굴을 네게로 향하여 드사 평강 주시기를 원하노라 할지니라 하라"

― 민 6:22-26

22-26절 성부, 성자, 성령의 사역에서 나타난 축복이 가리키는 것

아론과 그 아들들은 하나님을 가까이에서 모시는 특권자들이었다. 그들은 하나님과 백성 사이의 중보 역할과 축복의 전달자로서 역할을 했다. 특히 본문에서는 하나님께서 축복의 근원이 되심을 강조하였다. 더욱이 본문의 축복 선언에서는 성부, 성자, 성령의 사역을 암시하였다. 그렇다면 본문에서 기록된 성부, 성자, 성령의 사역에서 나타난 축복은 어떤 것일까?

성서 이해와 적용 – 민수기

　본문 24절에는 복을 섭리하시고 주관하시는 하나님께서 자기 백성을 보호하시는 성부의 사역이 나타나 있다. 본문 25절에는 은혜 베풀어 주시는 성자 하나님의 사역이 나타나 있다. 특히 25절 상반절에 "그의 얼굴을 네게 비추사"라고 하였다. 여기에서 '얼굴'은 존재 그 자체를 대변한다. 그래서 예수 그리스도께서는 '하나님을 보여 달라' 하고 간청한 빌립에게 "나를 본 자는 아버지를 보았거늘 어찌하여 아버지를 보이라 하느냐"라고 말씀하신 것이다(요 14:9).
　더욱이 25절 하반절에 성자의 사역에서 "여호와는 그의 얼굴을 네게 비추사 은혜 베푸시기를 원하며"라고 했다. 여기에서 '은혜'란 원래 '허리를 구부리다'라는 뜻에서 유래하였다. 하나님은 허리를 굽혀 죄로 인해 죽게 된 우리에게 은혜의 손길을 내미셨고 또 그리스도께서는 우리의 생명이 다하는 날까지 은혜의 손길을 내미실 것이다(6:25). 본문 26절에는 평강의 은혜를 베풀어 주시는 성령 하나님의 사역이 나타나 있다. 그런데 여기에서 축복은 성경 전체를 통하여 가장 아름다운 축복 중에 하나다.
　따라서 축복의 근원 되신 하나님을 믿는 우리는 더욱 주를 의지해야 할 것이다.

나실인에 관한 규례와 백성을 향한 제사장의 축복 선언 | 06

"그들은 이같이 내 이름으로 이스라엘 자손에게 축복할지니 내가 그들에게 복을 주리라"

———————————————————— 민 6:27

27절　제사장이 하나님의 이름으로 축복을 선포한 연유

제사장은 하나님의 이름으로 이스라엘 자손에게 축복을 선포했다. 그렇다면 제사장이 하나님의 이름으로 축복을 선포한 연유는 어디에 있을까?

> 오직 하나님만이 복을 주신다. 이 때문에 제사장은 하나님의 이름으로 축복을 선포하였다. 한편 성도는 영적인 제사장이다.
> 따라서 축복의 선포를 위해 구별된 성도는 복된 삶을 지향해야 할 것이다.

7장
성막 봉헌에 따른 예물

　이스라엘 백성들은 하나님의 명령에 따라 출애굽 2년 1월 1일 시내 광야에서 성막을 세우고(출 40:17), 한 달 만에 봉헌식을 거행한다. 즉 그들은 언약 백성의 면모를 갖추어 이스라엘 백성 가운데 함께하시는 하나님을 기뻐하고, 감사하며, 봉헌식의 대축제를 벌였다.

> "모세가 장막 세우기를 끝내고 그것에 기름을 발라 거룩히 구별하고 또 그 모든 기구와 제단과 그 모든 기물에 기름을 발라 거룩히 구별한 날에"
>
> ──────────────── 민 7:1

 하나님께서 기뻐하시는 삶의 방향

　모세가 출애굽 제 2년 1월 1일(출 40:2-33)에 성막 세우기를 마치고, 성막 모든 기구에 기름을 발라 거룩히 구별하였다. 여기에서 기름을 발랐다는 것은 신적인 권위를 부여한다는 표시로서, 이제부터 하나님의 소유로 영원히 구별되며 그 어떤 세속적인 목적에도 사용해서

성막 봉헌에 따른 예물 | 07

는 안 되었다. 또 이는 거룩하게 하시는 성령의 역사를 상징한다(렘 31:14; 요 16:13-15).

한편 성령의 역사로 거듭난 성도는 넓은 의미에서 주의 기름 받은 자들이요, 주의 소유이다. 그렇다면 성도에 대한 주권이 하나님께 있다는 점에서 하나님께서 기뻐하시는 삶의 방향은 어떤 것일까?

> 성도는 하나님께서 구별한 자요, 하나님의 소유된 백성이요, 하나님의 성전이다(고전 3:16).
> 따라서 그래서 하나님께서 구별한 모든 것이 세속적인 목적에 사용할 수 없듯이 성도는 타락한 인간의 본성을 좇는 삶이 아닌 하나님께 영광을 돌리는 삶을 추구해야 한다. 넓은 의미에서 약속 있는 말씀이 전제된 삶을 좇고, 좁은 의미에서 하나님께서 각 성도에게 맡기신 사명 감당에 충실해야 할 것이다.

"이스라엘 지휘관들 곧 그들의 조상의 가문의 우두머리들이요 그 지파의 지휘관으로서 그 계수함을 받은 자의 감독된 자들이 헌물을 드렸으니 그들이 여호와께 드린 헌물은 덮개 있는 수레 여섯 대와 소 열두 마리이니 지휘관 두 사람에 수레가 하나씩이요 지휘관 한 사람에 소가 한 마리씩이라 그것들을 장막 앞에 드린지라"

— 민 7:2-3

성서 이해와 적용 – 민수기

2-3절　지휘관들에게 부여된 의무와 특권

성막이 완공되자 본문 2절에서는 이스라엘의 각 지파의 지휘관들, 즉 인구조사 때에 감독한 자들이 자신들이 속한 지파의 사람들을 위해 봉헌 헌물(예물)을 하나님께 드렸다. 여기에서 '헌물을 드렸으니'란 말의 원뜻은 '접근하다', '가까이 가져온 것', 즉 하나님께 가까이 나아가 준비한 선물을 하나님께 바치는 행위를 일컫는다. 본문 3절에서는 지휘관 두 사람에 덮개 있는 수레를 하나씩, 지휘관 한 사람에 소를 한 마리씩을 드리도록 했다. 그리하여 열두 지휘관들이 수레 여섯과 소 열두 마리를 드렸다. 그런데 본문에는 이스라엘의 각 지파의 지휘관들에게 부여된 의무와 특권이 있다. 그렇다면 본문에서 이스라엘 각 지파의 지휘관들에게 부여된 의무와 특권은 어떤 것이었을까?

> 성막(장막, 회막, 증거막)이 완공되자, 이스라엘 각 지파의 지휘관들은 자신들이 속한 지파의 사람들을 위해 봉헌 헌물, 즉 예물을 하나님께 드렸다. 그런데 지휘관들은 자신이 속한 지파 사람들을 위해 예물을 드린다는 점에서 지휘관들은 자신이 속한 지파의 사람들을 대신하여 의무를 짊어진 자들이요, '예물을 드린 자가 하나님께 가까이 나아간다'라는 점에서 본문에서의 지휘관들은 하나님께 좀 더 가까이 나아갈 수 있는 은혜의 특권자들이다.
> 따라서 우리는 의무와 축복, 또 사명 감당과 축복이 맞물려 있음을 인지하고, 양면의 신앙을 수용할 수 있어야 할 것이다.

성막 봉헌에 따른 예물 | 07

"그들이 여호와께 드린 헌물은 덮개 있는 수레 여섯 대와 소 열두 마리이니 지휘관 두 사람에 수레가 하나씩이요 지휘관 한 사람에 소가 한 마리씩이라 그것들을 장막 앞에 드린지라"

민 7:3

3절 장막 앞에서 드린 예물의 뜻

성막이 완공되자, 이스라엘 열두 지파 지휘관들은 성막(회막) 봉사에 쓰임이 되는 것들을 드렸다. 즉 그들은 지휘관 두 사람에 덮개 있는 수레를 하나씩, 지휘관 한 사람에 소를 한 마리씩 드렸다. 특히 그들은 하나님의 임재가 일어나는 장막(성막, 회막, 증거막) 앞에서 본문에서의 기구들을 헌물로 드렸다. 그렇다면 지휘관들이 장막 앞에서 헌물(예물)을 드렸다는 것은 무엇을 뜻할까?

> 이스라엘 열두 지파 지휘관들은 성막 봉사자 레위인이 사용할 수 있는 기구들을 헌물하였다. 하지만 그들은 하나님의 임재가 일어나는 장막 앞에서 헌물하였다. 이는 그들이 헌물한 기구들을 레위인이 사용할지라도 레위인을 위해서라기보다 하나님을 위한 하나님께 영광 돌리는 예물이라는 뜻이다.
>
> 따라서 우리는 교회 관련하여 바치는 모든 희생이 하나님께 바치는 희생이 된다는 사실을 전제하고, 감사함으로 바쳐야 할 것이다.

성서 이해와 적용 – 민수기

"여호와께서 모세에게 말씀하여 이르시되 그것을 그들에게서 받아 레위인에게 주어 각기 직임대로 회막 봉사에 쓰게 할지니라 모세가 수레와 소를 받아 레위인에게 주었으니 곧 게르손 자손들에게는 그들의 직임대로 수레 둘과 소 네 마리를 주었고 므라리 자손들에게는 그들의 직임대로 수레 넷과 소 여덟 마리를 주고 제사장 아론의 아들 이다말에게 감독하게 하였으나 고핫 자손에게는 주지 아니하였으니 그들의 성소의 직임은 그 어깨로 메는 일을 하는 까닭이었더라"

민 7:4-9

4-9절 수레와 소와 분배 기준과 분배에서 나타난 성도에 대한 적용

레위 지파의 3대 가문, 즉 게르손, 고핫, 므라리 가문이 성막 봉사를 위하여 성막 주위에 거주했다. 게르손 가문은 성막 몸체와 뜰의 포장과 그 부속물들을 관리하였다(3:25, 26). 고핫 가문은 성소 안의 기구들을 어깨에 메고 운반하였다. 므라리 가문은 성막의 기물 중에 건축 구조물을 맡아 운반하였다(성막의 기둥과 받침 등).

본문에서 모세가 이스라엘 지파의 지휘관들에게 받은 덮개 있는 수레 여섯 대와 소 열두 마리는 레위인에게 주어 각기 직임대로 회막(성막) 봉사에 사용하게 하였다.

한편 레위 지파의 게르손 가문은 수레 두 대와 소 네 마리를 받았다(7절). 므라리 자손은 수레 네 대와 소 여덟 마리를 받았다(8절).

하지만 고핫 가문은 소와 수레를 받지 아니했다. 게르손 가문과 므라리 자손은 성물을 수레에 실어 운반하는 직임을 맡았고 고핫 자손은 성물을 어깨에 메고 운반하는 직임을 맡았기 때문이다.

성막 봉헌에 따른 예물 | 07

그런데 본문에서는 수레와 소를 분배한 기준에 대해 말씀하였다. 그렇다면 본문에 기록된 덮게 수레와 소의 분배 기준의 말씀과 또 본문에서의 덮게 수레와 소의 분배에 대한 신앙의 적용은?

> 본문에 기록된 수레와 소의 분배 기준은 본문 5절의 말씀이다.
>
> "그것을 그들에게 받아 레위인에게 주어 각기 직임대로 회막 봉사에 쓰게 할지니라"(민수기 7:5).
>
> 여기에서 분배 기준의 방점은 '각기 직임대로'이다. 또 본문에서 수레와 소의 분배에 대한 신앙의 적용은, 하나님께서 직임을 맡기신 성도에게 직임을 감당할 수 있도록 필요한 것을 채워주신다는 말씀이다. 즉 하나님께서는 사명을 감당할 수 있도록 재능이나 시간이나 건강이나 물질이나 모든 형편을 허락하신다.
> 따라서 우리는 부족하고 연약한 것 때문에 낙심하지 말고, 본문 말씀과 같이 하나님께서 채워주시도록 전능하신 주께 기도드려야 할 것이다.

성서 이해와 적용 – 민수기

> "제단에 기름을 바르던 날에 지휘관들이 제단의 봉헌을 위하여 헌물을 가져다가 그 헌물을 제단 앞에 드리니라"
>
> ───── 민 7:10

10절 | 하나님께서 제단 봉헌예물과 같이 수평적인 관계에서 동등하게 받으시는 성서의 사례

본문 상반절에서 "제단에 기름을 바르던 날"이라고 했다. 이는 제물을 태워 그 향기를 하나님께 올려드리는 번제단을 공식적으로 사용하기에 앞서 그것을 거룩한 하나님의 소유로 구별하였다는 뜻이다. 본문 중반절 이하에서는 "지휘관들이 제단의 봉헌을 위하여 헌물을 가져다가 그 헌물을 제단 앞에 드리니라"라고 했다. 여기에서 '봉헌'이란 일종의 '낙성식' 예식에 해당한다. '낙성식'이란 건물이나 그 밖의 목적물을 완성한 후 봉헌하는 예식이다.

한편 이스라엘의 각 지파 지휘관들은 번제단 봉헌 예식에 여러 헌물을 가져다가 그 헌물을 제단 앞에 드렸다. 지휘관들이 드린 헌물은 하나님의 영광을 나타내고, 주께 제사하는데 필요한 것이었고, 그 어떤 것도 인간을 위한 것은 하나도 없었다. 그렇지만 번제단에 바치는 봉헌예물은 하나님과의 수직적인 관계에서 '제단 봉헌'에 국한된 것이 아니라 수평적인 관계에서 '제단 봉헌' 예물같이 동등하게 받으시는 것들이 있다. 그렇다면 수평적인 관계에서 제단 봉헌예물과 같이 동등하게 받으시는 성서의 사례는 어떤 것이 있을까?

한해의 추수를 마친 백성들은 그들의 소득의 1/10을 구별하여 자기 성 중에 거하는 레위인에게 바쳤다. 여기에 레위인은 백성들로부터 받은 십일조에서 다시금 1/10을 구별하여 제사장에게 바쳤는데, 바를 이를 첫째 십일조라고 했다(민 18:21-24).

백성들은 첫째 십일조를 바친 나머지 9/10에서 다시 1/10를 구별하여 감사잔치 비용으로 사용하였다. 즉 그들은 온 가족과 더불어 성소로 가서 한 해 동안 풍성한 복을 내려 주신 하나님께 감사하며 잔치를 벌였다(신 12:5-19).

특히 유대인들은 안식년을 기준하여 제3년과 제6년에는 '둘째 십일조를 성소로 가서 잔치하는 비용으로 사용하지 아니하고 이를 각 성에 모아서 레위인과 객과 고아와 과부에게 주었다(신 26:12).

위의 성서의 사례에서 발견한 첫째 십일조는 하나님의 주권을 인정하는 예물이었다. 둘째 십일조는 하나님 앞에서 가족 간에 화목한 모습을 보여 드리며 제사장들을 섬긴 예물이었다. 셋째 십일조는 더 넓은 의미에서 이웃을 섬기는 십일조였다. 기타 성서의 사례에서도 이웃 섬김에 대하여 권면하였다(잠언 19:17; 롬 12장).

따라서 우리는 하나님과의 수직적인 관계에서 봉헌의 삶뿐만 아니라 인간과 수평적인 관계에서의 봉헌까지도 제단에 드리는 봉헌같이 열납하신다는 사실을 인지하고, 주 안에서 이웃을 섬겨야 할 것이다.

성서 이해와 적용 – 민수기

"여호와께서 모세에게 이르시기를 지휘관들은 하루 한 사람씩 제단의 봉헌물을 드릴지니라 하셨더라"

민 7:11

11절 각 지파의 지휘관들이 한 사람씩 예물을 드리도록 순서를 정하신 연유

하나님께서는 모세에게 각 지파의 지휘관들이 하루 한 사람씩 제단에 봉헌물을 드리라고 말씀하셨다. 더욱이 각 지파의 지휘관들이 언제 예물을 드려야 할지에 대하여 상세하게 말씀하셨다. 그렇다면 하나님께서 각 지파의 지휘관들이 한 사람씩 예물을 드리도록 순서를 정하신 연유는 어디에 있을까?

첫째, 무질서와 헛된 경쟁의식을 차단하기 위함이다.
둘째, 모든 지파가 하나님 앞에서 전적인 헌신을 할 수 있게 한 조치였다.
셋째, 하나님께서 모든 지파를 동일한 인격체로 만나기를 원하신다는 사실을 보여주기 위함이었다.
따라서 우리는 교회에서 아름다운 지체의 연합을 유지하면서도 부름에 합당한 개인의 신앙을 든든하게 세워가야 할 것이다.

07 성막 봉헌에 따른 예물 |

> "첫째 날에 헌물을 드린 자는 유다 지파 암미나답의 아들 나손이라"
> ─────────────────────────────── 민 7:12

12절 르우벤이 장자의 특권을 상실한 연유와 유다가 장자의 특권의 위치에 선 연유

하나님의 명령에 따라 각 지파의 지휘관들은 하루에 한 사람씩 제단의 봉헌물을 드렸다. 그런데 첫 번째 봉헌물을 드린 지휘관은 유다 지파 암미나답의 아들 나손이었다.

한편 나손은 야곱의 장자 르우벤 지파가 아닌 야곱의 4남이었다. 그런데도 유다는 장자의 특권자의 위치에서 제일 먼저 제단의 봉헌물을 드렸고, 장자인 르우벤은 서열 네 번째로 밀려났다. 그렇다면 르우벤이 장자의 특권을 상실한 연유와 유다가 장자의 특권의 위치에 선 것의 연유는 어디에 있을까?

르우벤은 야곱의 장자로서 장자가 누릴 수 있는 많은 특권을 가졌다. 하지만 그는 아버지 야곱의 처 빌하와 통간하는 범죄를 저질렀고, 이 일로 그는 장자의 특권을 상실하고 만다(창 35:22). 또 시므온과 레위는 야곱의 차자와 3남이다. 그런데 시므온과 레위는 동생 디나의 사건 때에 세겜인을 학살하는데 주동이 되었다. 그들은 누이 디나의 원수를 갚기 위하여 거짓말을 하였을 뿐만 아니라 많은 사람을 죽였다(창 34:25-32).

한편 야곱의 4남이었던 유다는 위기의 때에 동생 베냐민에 대한 사랑과 아버지에 대한 지극한 효심의 발로에서 희생을 각오

성서 이해와 적용 – 민수기

하였다(창 44:33-34). 이 일로 유다는 복된 미래가 열어졌다.

유다는 형제들의 찬송이 되고, 원수들의 목을 잡을 것이요, 유다의 아비의 아들들이 유다 앞에 절하고, 유다는 새끼 사자의 복을 받는다(정복 사업의 승리). 또 유다는 그 계보에서의 메시야 예언이 성취되고, 통치자의 지팡이가 유다를 떠나지 않는 복을 받는다(창 49:8-12).

결국 야곱의 아들 르우벤이 장자의 특권을 상실한 것과 유다에게 나타난 특별한 복과 유다가 본문에서 장자의 위치에서 제일 먼저 헌물을 드릴 자로 지명된 것은 우연한 일이 아니다. 이는 도덕성과 헌신과 사랑 또 신앙과 관련이 있다.

따라서 하나님을 믿는 우리는 도덕성과 신앙의 발로에서 헌신과 사랑이 있는 삶을 통해서 하나님께 영광을 돌려야 할 것이다.

"그의 헌물은 성소의 세겔로 백삼십 세겔 무게의 은반 하나와 칠십 세겔 무게의 은 바리 하나라 이 두 그릇에는 소제물로 기름 섞은 고운 가루를 채웠고 또 열 세겔 무게의 금 그릇 하나라 그것에는 향을 채웠고 또 번제물로 수송아지 한 마리와 숫양 한 마리와 일 년 된 어린 숫양 한 마리이며 속죄제물로 숫염소 한 마리이며 화목제물로 소 두 마리와 숫양 다섯 마리와 숫염소 다섯 마리와 일 년 된 어린 숫양 다섯 마리라 이는 암미나답의 아들 나손의 헌물이었더라"

———— 민 7:13-17

성막 봉헌에 따른 예물 | 07

13-17절 하나님께 바친 모든 것을 가리켜 '예물이다'라고 한 연유

성막이 완공된 후 한 달 만에 성막 봉헌식이 거행된다. 특히 본문에서 제단 봉헌식에 유다 지파 지휘관 나손이 바친 예물에 대하여 소개되었다.

먼저 소제물로써 기름 섞인 고운 가루로 채운 130세겔(약 1.5kg) 무게의 은반(큰 은접시) 하나와 70세겔(약 800g) 무게의 은 바리(큰 은대야) 하나, 향을 가득 채운 10세겔(약 115g) 무게의 금 그릇 하나였다.

또 번제물로 수송아지 한 마리와 숫양 한 마리와 일 년 된 어린 숫양 한 마리, 또 속죄 제물로 숫염소 한 마리, 또 화목제물로 소 두 마리와 숫양 다섯 마리와 숫염소 다섯 마리와 일 년 된 어린 숫양 다섯 마리를 드리도록 하셨다.

특히 본문 17절 하반절에서 유다 지파의 지휘관뿐만 아니라 모든 지휘관이 바친 헌물은 한글 개역판에서 "이는 암미나답의 아들 나손의 예물이었더라"라고 기록되어 있다. 여기에서의 예물은 율법에서 제정된 희생 제물과 제단으로 가져온 모든 것과 물질까지도 포함하였다(레 1:2-7; 마 5:23; 23:18; 눅 21:1). 그런데 본문에서 지휘관들이 바친 모든 것은 성막에서, 또 제사에 사용되는 것들이었다. 그렇다면 어떠한 연유에서 하나님께 바치는 모든 것을 가리켜 감사의 뜻을 담은 '예물'이라고 했을까?

성서 이해와 적용 - 민수기

　이스라엘의 열두 지파의 지휘관들은 성막에서 사용하는 것들과 율법에서 제정된 제사 제물을 바쳤다. 이는 지휘관들의 뜻이 아닌 하나님의 뜻 가운데 쓰임이 되었다는 점에서 감사의 뜻을 나타내는 '예물이다'라고 하였다.

　특히 유다 지파 지휘관뿐만 아니라 모든 지휘관이 바친 율법에서 제정된 제사 제물은 그리스도에 대한 예표이다. 그래서 이스라엘의 열두 지파 지휘관들이 바친 모든 것은 인류에 대한 하나님의 사랑과 인류의 구원을 위한 그리스도의 대속과 관련이 있다는 점에서 감사의 뜻을 나타내는 '예물'이라고 한 것이다(한글개역판).

　따라서 우리에 대한 하나님의 사랑과 우리에 대한 주의 대속을 믿는 우리는 마땅히 예물이 풍성한 신앙생활이 되도록 축복과 은혜를 구해야 할 것이다.

성막 봉헌에 따른 예물 | 07

"여호와께서 모세에게 이르시기를 지휘관들은 하루 한 사람씩 제단의 봉헌물을 드릴지니라 하셨더라 첫째 날에 헌물을 드린 자는 유다 지파 암미나답의 아들 나손이라 그의 헌물은 성소의 세겔로 백삼십 세겔 무게의 은반 하나와 칠십 세겔 무게의 은 바리 하나라 이 두 그릇에는 소제물로 기름 섞은 고운 가루를 채웠고 또 열 세겔 무게의 금 그릇 하나라 그것에는 향을 채웠고 또 번제물로 수송아지 한 마리와 숫양 한 마리와 일 년 된 어린 숫양 한 마리이며 속죄제물로 숫염소 한 마리이며 화목제물로 소 두 마리와 숫양 다섯 마리와 숫염소 다섯 마리와 일 년 된 어린 숫양 다섯 마리라 이는 암미나답의 아들 나손의 헌물이었더라 둘째 날에는 잇사갈의 지휘관 수알의 아들 느다넬이 헌물을 드렸으니 그가 드린 헌물도 성소의 세겔로 백삼십 세겔 무게의 은반 하나와 칠십 세겔 무게의 은 바리 하나라 이 두 그릇에는 소제물로 기름 섞은 고운 가루를 채웠고 또 열 세겔 무게의 금 그릇 하나라 그것에는 향을 채웠고 또 번제물로 수송아지 한 마리와 숫양 한 마리와 일 년 된 어린 숫양 한 마리이며 속죄제물로 숫염소 한 마리이며 화목제물로 소 두 마리와 숫양 다섯 마리와 숫염소 다섯 마리와 일년 된 어린 숫양 다섯 마리라 이는 수알의 아들 느다넬의 헌물이었더라 셋째 날에는 스불론 자손의 지휘관 헬론의 아들 엘리압이 헌물을 드렸으니 그의 헌물도 성소의 세겔로 백삼십 세겔 무게의 은반 하나와 칠십 세겔 무게의 은 바리 하나라 이 두 그릇에는 소제물로 기름 섞은 고운 가루를 채웠고 또 열 세겔 무게의 금 그릇 하나라 이것에는 향을 채웠고 또 번제물로 수송아지 한 마리와 숫양 한 마리와 일 년 된 어린 숫양 한 마리이며 속죄제물로 숫염소 한 마리이며 화목제물로 소 두 마리와 숫양 다섯 마리와 숫염소 다섯 마리와 일 년 된 어린 숫양 다섯 마리라 이는 헬론의 아들 엘리압의 헌물이었더라 넷째 날에는 르우벤 자손의 지휘관 스데울의 아들 엘리술이 헌물을 드렸으니 그의 헌물도 성소의 세겔로 백삼십 세겔 무게의 은

성서 이해와 적용 – 민수기

쟁반 하나와 칠십 세겔 무게의 은 바리 하나라 이 두 그릇에는 소제물로 기름 섞은 고운 가루를 채웠고 또 열 세겔 무게의 금 그릇 하나라 이것에는 향을 채웠고 또 번제물로 수송아지 한 마리와 숫양 한 마리와 일 년 된 어린 숫양 한 마리이며 속죄제물로 숫염소 한 마리이며 화목제물로 소 두 마리와 숫양 다섯 마리와 숫염소 다섯 마리와 일 년 된 어린 숫양 다섯 마리라 이는 스데울의 아들 엘리술의 헌물이었더라 다섯째 날에는 시므온 자손의 지휘관 수리삿대의 아들 슬루미엘이 헌물을 드렸으니 그 헌물도 성소의 세겔로 백삼십 세겔 무게의 은 쟁반 하나와 칠십 세겔 무게의 은 바리 하나라 이 두 그릇에는 소제물로 기름 섞은 고운 가루를 채웠고 또 열 세겔 무게의 금 그릇 하나라 이것에는 향을 채웠고 또 번제물로 수송아지 한 마리와 숫양 한 마리와 일 년 된 어린 숫양 한 마리이며 속죄제물로 숫염소 한 마리이며 화목제물로 소 두 마리와 숫양 다섯 마리와 숫염소 다섯 마리와 일 년 된 어린 숫양 다섯 마리라 이는 수리삿대의 아들 슬루미엘의 헌물이었더라 여섯째 날에는 갓 자손의 지휘관 드우엘의 아들 엘리아삽이 헌물을 드렸으니 그의 헌물도 성소의 세겔로 백삼십 세겔 무게의 은 쟁반 하나와 칠십 세겔 무게의 은 바리 하나라 이 두 그릇에는 소제물로 기름 섞은 고운 가루를 채웠고 또 열 세겔 무게의 금 그릇 하나라 이것에는 향을 채웠고 또 번제물로 수송아지 한 마리와 숫양 한 마리와 일 년 된 어린 숫양 한 마리이며 속죄제물로 숫염소 한 마리이며 화목제물로 소 두 마리와 숫양 다섯 마리와 숫염소 다섯 마리와 일 년 된 어린 숫양 다섯 마리라 이는 드우엘의 아들 엘리아삽의 헌물이었더라 일곱째 날에는 에브라임 자손의 지휘관 암미훗의 아들 엘리사마가 헌물을 드렸으니 그의 헌물도 성소의 세겔로 백삼십 세겔 무게의 은 쟁반 하나와 칠십 세겔 무게의 은 바리 하나라 이 두 그릇에는 소제물로 기름 섞은 고운 가루를 채웠고 또 열 세겔 무게의 금 그릇 하나라 이것에는 향을 채웠고 또 번제물로 수송아지 한 마

성막 봉헌에 따른 예물 | 07

리와 숫양 한 마리와 일 년 된 어린 숫양 한 마리이며 속죄제물로 숫염소 한 마리이며 화목제물로 소 두 마리와 숫양 다섯 마리와 숫염소 다섯 마리와 일 년 된 어린 숫양 다섯 마리라 이는 암미훗의 아들 엘리사마의 헌물이었더라 여덟째 날에는 므낫세 자손의 지휘관 브다술의 아들 가말리엘이 헌물을 드렸으니 그 헌물도 성소의 세겔로 백삼십 세겔 무게의 은 쟁반 하나와 칠십 세겔 무게의 은 바리 하나라 이 두 그릇에는 소제물로 기름 섞은 고운 가루를 채웠고 또 열 세겔 무게의 금 그릇 하나라 이것에는 향을 채웠고 또 번제물로 수송아지 한 마리와 숫양 한 마리와 일 년 된 어린 숫양 한 마리이며 속죄제물로 숫염소 한 마리이며 화목제물로 소 두 마리와 숫양 다섯 마리와 숫염소 다섯 마리와 일 년 된 어린 숫양 다섯 마리라 이는 브다술의 아들 가말리엘의 헌물이었더라 아홉째 날에는 베냐민 자손의 지휘관 기드오니의 아들 아비단이 헌물을 드렸으니 그의 헌물도 성소의 세겔로 백삼십 세겔 무게의 은 쟁반 하나와 칠십 세겔 무게의 은 바리 하나라 이 두 그릇에는 소제물로 기름 섞은 고운 가루를 채웠고 또 열 세겔 무게의 금 그릇 하나라 이것에는 향을 채웠고 또 번제물로 수송아지 한 마리와 숫양 한 마리와 일 년 된 어린 숫양 한 마리이며 속죄제물로 숫염소 한 마리이며 화목제물로 소 두 마리와 숫양 다섯 마리와 숫염소 다섯 마리와 일 년 된 어린 숫양 다섯 마리라 이는 기드오니의 아들 아비단의 헌물이었더라 열째 날에는 단 자손의 지휘관 암미삿대의 아들 아히에셀이 헌물을 드렸으니 그의 헌물도 성소의 세겔로 백삼십 세겔 무게의 은 쟁반 하나와 칠십 세겔 무게의 은 바리 하나라 이 두 그릇에는 소제물로 기름 섞은 고운 가루를 채웠고 또 열 세겔 무게의 금 그릇 하나라 이것에는 향을 채웠고 또 번제물로 수송아지 한 마리와 숫양 한 마리와 일 년 된 어린 숫양 한 마리이며 속죄제물로 숫염소 한 마리이며 화목제물로 소 두 마리와 숫양 다섯 마리와 숫염소 다섯 마리와 일 년 된 어린 숫양 다섯 마리라 이는 암미삿

성서 이해와 적용 – 민수기

대의 아들 아히에셀의 헌물이었더라 열한째 날에는 아셀 자손의
지휘관 오그란의 아들 바기엘이 헌물을 드렸으니 그의 헌물도 성
소의 세겔로 백삼십 세겔 무게의 은 쟁반 하나와 칠십 세겔 무게의
은 바리 하나라 이 두 그릇에는 소제물로 기름 섞은 고운 가루를
채웠고 또 열 세겔 무게의 금 그릇 하나라 이것에는 향을 채웠고
또 번제물로 수송아지 한 마리와 숫양 한 마리와 일 년 된 어린 숫
양 한 마리이며 속죄제물로 숫염소 한 마리이며 화목제물로 소 두
마리와 숫양 다섯 마리와 숫염소 다섯 마리와 일 년 된 어린 숫양
다섯 마리라 이는 오그란의 아들 바기엘의 헌물이었더라 열두째
날에는 납달리 자손의 지휘관 에난의 아들 아히라가 헌물을 드렸
으니 그의 헌물도 성소의 세겔로 백삼십 세겔 무게의 은 쟁반 하나
와 칠십 세겔 무게의 은 바리 하나라 이 두 그릇에는 소제물로 기
름 섞은 고운 가루를 채웠고 또 열 세겔 무게의 금 그릇 하나라 이
것에는 향을 채웠고 또 번제물로 수송아지 한 마리와 숫양 한 마리
와 일 년 된 어린 숫양 한 마리이며 속죄제물로 숫염소 한 마리이
며 화목제물로 소 두 마리와 숫양 다섯 마리와 숫염소 다섯 마리와
일 년 된 어린 숫양 다섯 마리라 이는 에난의 아들 아히라의 헌물
이었더라"

민 7:11-83

11-83절 여러 제사 예물에서 나타내고자 하신 신앙

본문에서는 각 지파 지휘관들이 성막 봉헌식에 드린 제사예물에 대
해 기록되어 있다. 지휘관들은 한 가지 예물만이 아닌 여러 제사예물
을 드렸다. 번제물로 수송아지 한 마리와 숫양 한 마리와 일 년 된
어린 숫양 한 마리, 속죄 제물로 숫염소 한 마리, 화목제물로 소 두
마리와 숫양 다섯 마리와 숫염소 다섯 마리와 일 년 된 어린 숫양 다

성막 봉헌에 따른 예물 | 07

섯 마리를 드렸다. 여기에서 하나님께서는 지휘관들에게 신앙과 관련한 의도를 가지시고, 한 가지 제사예물이 아니라 여러 제사예물을 드리게 하셨습니다. 그렇다면 하나님께서는 여러 제사예물을 드리게 하셨다는 것은 신앙의 어떤 측면을 나타내고자 하셨을까?

번제는 가죽을 제외한 모든 것을 제단에서 화제로 드렸다. 이는 인류의 구원을 이루기 위해 십자가에서 돌아가시기까지 순종하며 하나님의 뜻을 성취하시는 그리스도를 나타낸다. 또 화목제는 세 가지 상황에서 드렸다. 감사의 일을 만났을 때 감사하며 드렸고, 서원한 사실이 성취되었을 때 드렸고, 특별한 이유 없이 자발적으로 드렸다(낙헌제/자원제).
한편 화목제는 기름과 콩팥(소, 양)과 기름진 꼬리 부분(양)은 하나님께 화제로 드리고, 요제(제사장은 제물을 들고 있는 예배자의 손에 자기의 손을 대고 흔들어 바침)로 드려진 가슴 부분은 제사장 공동의 몫으로 돌아가게 했고, 거제(제물을 높이 들어 올리는 의식)로 드려진 오른쪽 뒷다리 부분은 제사를 집례한 제사장 몫으로 돌아가게 했다(7:30-34). 그리고 하나님 몫과 제사장 몫을 제외한 나머지 부분은 화목제를 드린 자가 그 가족과 더불어 성막 뜰에서 먹었다. 그래서 화목제는 제물을 하나님의 몫으로 드리는 것뿐만 아니라 제사장들에게 분배하고, 나머지 부분을 가지고 공동식사를 했다는 점에서 하나님과 이웃 관계에서 평화와 친교를 나타낸다.
특히 시내 산 율법 이후에 드려진 속죄제는 제사를 드리고자

성서 이해와 적용 – 민수기

한 자가 율법에서 자신의 죄와 허물을 깨닫고 자기 죄를 속죄하기 위해서 드렸다. 이는 인간의 죄를 담당하시고 하나님의 진노와 공의의 요구를 충족시키는 그리스도를 나타낸다. 특히 두 콩팥과 기름을 제단에서 화제로 드린 나머지 제물, 즉 가죽과 모든 고기와 머리와 정강이와 내장과 똥 등 송아지 전체를 진영 밖, 재 버리는 곳으로 가지고 가서 불살랐는데, 이는 인류의 죄를 대신 지고 진영 밖, 즉 예루살렘 성 밖 골고다 언덕에서 고난당하신 그리스도를 나타내고, 또 그리스도의 대속을 믿는 자들이 마땅히 진영 밖, 즉 세상 가운데서 죄를 버리고 변화를 이루어가는 성도들의 삶을 나타낸다. 이 때문에 성막 봉헌식에 이스라엘 지파의 지휘관들이 한 가지 제물만이 아닌 번제, 속죄제, 화목 제사를 위한 여러 제물을 드렸다는 것은 각각의 제사에서 영적인 뜻이 내포되어 있다는 점에서 편중되지 아니하고 균형과 조화를 이룬 신앙을 말하고자 한 것이다.

따라서 우리는 기도만, 말씀만, 실천만 아니라 기도와 말씀과 실천이 함께 갈 수 있도록 성령 충만과 능력을 구해야 할 것이다.

성막 봉헌에 따른 예물 | 07

"여호와께서 모세에게 이르시기를 지휘관들은 하루 한 사람씩 제단의 봉헌물을 드릴지니라 하셨더라 첫째 날에 헌물을 드린 자는 유다 지파 암미나답의 아들 나손이라 그의 헌물은 성소의 세겔로 백삼십 세겔 무게의 은반 하나와 칠십 세겔 무게의 은 바리 하나라 이 두 그릇에는 소제물로 기름 섞은 고운 가루를 채웠고 또 열 세겔 무게의 금 그릇 하나라 그것에는 향을 채웠고 또 번제물로 수송아지 한 마리와 숫양 한 마리와 일 년 된 어린 숫양 한 마리이며 속죄제물로 숫염소 한 마리이며 화목제물로 소 두 마리와 숫양 다섯 마리와 숫염소 다섯 마리와 일 년 된 어린 숫양 다섯 마리라 이는 암미나답의 아들 나손의 헌물이었더라 둘째 날에는 잇사갈의 지휘관 수알의 아들 느다넬이 헌물을 드렸으니 그가 드린 헌물도 성소의 세겔로 백삼십 세겔 무게의 은반 하나와 칠십 세겔 무게의 은 바리 하나라 이 두 그릇에는 소제물로 기름 섞은 고운 가루를 채웠고 또 열 세겔 무게의 금 그릇 하나라 그것에는 향을 채웠고 또 번제물로 수송아지 한 마리와 숫양 한 마리와 일 년 된 어린 숫양 한 마리이며 속죄제물로 숫염소 한 마리이며 화목제물로 소 두 마리와 숫양 다섯 마리와 숫염소 다섯 마리와 일년 된 어린 숫양 다섯 마리라 이는 수알의 아들 느다넬의 헌물이었더라 셋째 날에는 스불론 자손의 지휘관 헬론의 아들 엘리압이 헌물을 드렸으니 그의 헌물도 성소의 세겔로 백삼십 세겔 무게의 은반 하나와 칠십 세겔 무게의 은 바리 하나라 이 두 그릇에는 소제물로 기름 섞은 고운 가루를 채웠고 또 열 세겔 무게의 금 그릇 하나라 이것에는 향을 채웠고 또 번제물로 수송아지 한 마리와 숫양 한 마리와 일 년 된 어린 숫양 한 마리이며 속죄제물로 숫염소 한 마리이며 화목제물로 소 두 마리와 숫양 다섯 마리와 숫염소 다섯 마리와 일 년 된 어린 숫양 다섯 마리라 이는 헬론의 아들 엘리압의 헌물이었더라 넷째 날에는 르우벤 자손의 지휘관 스데울의 아들 엘리술이 헌물을 드렸으니 그의 헌물도 성소의 세겔로 백삼십 세겔 무게의 은

성서 이해와 적용 - 민수기

쟁반 하나와 칠십 세겔 무게의 은 바리 하나라 이 두 그릇에는 소제물로 기름 섞은 고운 가루를 채웠고 또 열 세겔 무게의 금 그릇 하나라 이것에는 향을 채웠고 또 번제물로 수송아지 한 마리와 숫양 한 마리와 일 년 된 어린 숫양 한 마리이며 속죄제물로 숫염소 한 마리이며 화목제물로 소 두 마리와 숫양 다섯 마리와 숫염소 다섯 마리와 일 년 된 어린 숫양 다섯 마리라 이는 스데울의 아들 엘리술의 헌물이었더라 다섯째 날에는 시므온 자손의 지휘관 수리삿대의 아들 슬루미엘이 헌물을 드렸으니 그 헌물도 성소의 세겔로 백삼십 세겔 무게의 은 쟁반 하나와 칠십 세겔 무게의 은 바리 하나라 이 두 그릇에는 소제물로 기름 섞은 고운 가루를 채웠고 또 열 세겔 무게의 금 그릇 하나라 이것에는 향을 채웠고 또 번제물로 수송아지 한 마리와 숫양 한 마리와 일 년 된 어린 숫양 한 마리이며 속죄제물로 숫염소 한 마리이며 화목제물로 소 두 마리와 숫양 다섯 마리와 숫염소 다섯 마리와 일 년 된 어린 숫양 다섯 마리라 이는 수리삿대의 아들 슬루미엘의 헌물이었더라 여섯째 날에는 갓 자손의 지휘관 드우엘의 아들 엘리아삽이 헌물을 드렸으니 그의 헌물도 성소의 세겔로 백삼십 세겔 무게의 은 쟁반 하나와 칠십 세겔 무게의 은 바리 하나라 이 두 그릇에는 소제물로 기름 섞은 고운 가루를 채웠고 또 열 세겔 무게의 금 그릇 하나라 이것에는 향을 채웠고 또 번제물로 수송아지 한 마리와 숫양 한 마리와 일 년 된 어린 숫양 한 마리이며 속죄제물로 숫염소 한 마리이며 화목제물로 소 두 마리와 숫양 다섯 마리와 숫염소 다섯 마리와 일 년 된 어린 숫양 다섯 마리라 이는 드우엘의 아들 엘리아삽의 헌물이었더라 일곱째 날에는 에브라임 자손의 지휘관 암미훗의 아들 엘리사마가 헌물을 드렸으니 그의 헌물도 성소의 세겔로 백삼십 세겔 무게의 은 쟁반 하나와 칠십 세겔 무게의 은 바리 하나라 이 두 그릇에는 소제물로 기름 섞은 고운 가루를 채웠고 또 열 세겔 무게의 금 그릇 하나라 이것에는 향을 채웠고 또 번제물로 수송아지 한 마

07 성막 봉헌에 따른 예물

리와 숫양 한 마리와 일 년 된 어린 숫양 한 마리이며 속죄제물로 숫염소 한 마리이며 화목제물로 소 두 마리와 숫양 다섯 마리와 숫염소 다섯 마리와 일 년 된 어린 숫양 다섯 마리라 이는 암미훗의 아들 엘리사마의 헌물이었더라 여덟째 날에는 므낫세 자손의 지휘관 브다술의 아들 가말리엘이 헌물을 드렸으니 그 헌물도 성소의 세겔로 백삼십 세겔 무게의 은 쟁반 하나와 칠십 세겔 무게의 은 바리 하나라 이 두 그릇에는 소제물로 기름 섞은 고운 가루를 채웠고 또 열 세겔 무게의 금 그릇 하나라 이것에는 향을 채웠고 또 번제물로 수송아지 한 마리와 숫양 한 마리와 일 년 된 어린 숫양 한 마리이며 속죄제물로 숫염소 한 마리이며 화목제물로 소 두 마리와 숫양 다섯 마리와 숫염소 다섯 마리와 일 년 된 어린 숫양 다섯 마리라 이는 브다술의 아들 가말리엘의 헌물이었더라 아홉째 날에는 베냐민 자손의 지휘관 기드오니의 아들 아비단이 헌물을 드렸으니 그의 헌물도 성소의 세겔로 백삼십 세겔 무게의 은 쟁반 하나와 칠십 세겔 무게의 은 바리 하나라 이 두 그릇에는 소제물로 기름 섞은 고운 가루를 채웠고 또 열 세겔 무게의 금 그릇 하나라 이것에는 향을 채웠고 또 번제물로 수송아지 한 마리와 숫양 한 마리와 일 년 된 어린 숫양 한 마리이며 속죄제물로 숫염소 한 마리이며 화목제물로 소 두 마리와 숫양 다섯 마리와 숫염소 다섯 마리와 일 년 된 어린 숫양 다섯 마리라 이는 기드오니의 아들 아비단의 헌물이었더라 열째 날에는 단 자손의 지휘관 암미삿대의 아들 아히에셀이 헌물을 드렸으니 그의 헌물도 성소의 세겔로 백삼십 세겔 무게의 은 쟁반 하나와 칠십 세겔 무게의 은 바리 하나라 이 두 그릇에는 소제물로 기름 섞은 고운 가루를 채웠고 또 열 세겔 무게의 금 그릇 하나라 이것에는 향을 채웠고 또 번제물로 수송아지 한 마리와 숫양 한 마리와 일 년 된 어린 숫양 한 마리이며 속죄제물로 숫염소 한 마리이며 화목제물로 소 두 마리와 숫양 다섯 마리와 숫염소 다섯 마리와 일 년 된 어린 숫양 다섯 마리라 이는 암미삿

성서 이해와 적용 – 민수기

대의 아들 아히에셀의 헌물이었더라 열한째 날에는 아셀 자손의 지휘관 오그란의 아들 바기엘이 헌물을 드렸으니 그의 헌물도 성소의 세겔로 백삼십 세겔 무게의 은 쟁반 하나와 칠십 세겔 무게의 은 바리 하나라 이 두 그릇에는 소제물로 기름 섞은 고운 가루를 채웠고 또 열 세겔 무게의 금 그릇 하나라 이것에는 향을 채웠고 또 번제물로 수송아지 한 마리와 숫양 한 마리와 일 년 된 어린 숫양 한 마리이며 속죄제물로 숫염소 한 마리이며 화목제물로 소 두 마리와 숫양 다섯 마리와 숫염소 다섯 마리와 일 년 된 어린 숫양 다섯 마리라 이는 오그란의 아들 바기엘의 헌물이었더라 열두째 날에는 납달리 자손의 지휘관 에난의 아들 아히라가 헌물을 드렸으니 그의 헌물도 성소의 세겔로 백삼십 세겔 무게의 은 쟁반 하나와 칠십 세겔 무게의 은 바리 하나라 이 두 그릇에는 소제물로 기름 섞은 고운 가루를 채웠고 또 열 세겔 무게의 금 그릇 하나라 이것에는 향을 채웠고 또 번제물로 수송아지 한 마리와 숫양 한 마리와 일 년 된 어린 숫양 한 마리이며 속죄제물로 숫염소 한 마리이며 화목제물로 소 두 마리와 숫양 다섯 마리와 숫염소 다섯 마리와 일 년 된 어린 숫양 다섯 마리라 이는 에난의 아들 아히라의 헌물이었더라"

민 7:11-83

11-83절 봉헌예물을 여러 날 동안 드리게 하신 연유

하나님께서는 성막 건립을 마치자 이스라엘 열두 지파의 지휘관들에게 봉헌예물을 바치게 하셨다. 특히 열두 지파 가운데서 몇몇 지휘관들이 연합해서 바치게 한 것이 아니라, 유다 지파 지휘관을 필두로, 12일 동안 한 지파씩 봉헌예물을 바치게 하셨다. 그런데 여기에는 하나님의 거룩한 뜻이 있다. 그렇다면 하나님께서 여러 날 동안 봉헌예물을 드리게 하신 연유는 어디에 있을까?

성막 봉헌에 따른 예물 | 07

　출애굽 제2년, 즉 출애굽 1년 만에 하나님의 임재가 나타난 성막이 완공되었다. 이로써 언약 백성 이스라엘은 명실공히 왕이신 하나님을 중심에 모신 언약 백성의 모습을 갖추게 되었다. 이 때문에 성막 봉헌에 따른 예식에서 예물을 바치도록 한 것은 너무나 당연했다.

　한편 하나님께서는 의도하시고 12일 동안 예물을 바치게 하셨다. 여러 날 동안 봉헌예물을 드리게 하시므로 혼잡을 피하고, 질서를 이루어 그 예식을 기억하게 하셨다. 더욱이 하나님의 임재가 일어나는 성막 봉헌에 따른 예물을 드린다는 것은 언약 백성으로서 지극히 영예로운 것이다. 그래서 하나님께서는 각 지파의 지휘관들이 날마다 동일한 예물을 바치게 하시므로 영예가 모든 지파에게 돌아가게 하셨다.

　따라서 주의 대속과 영생과 하나님의 나라를 기업으로 약속받은 우리는 헌신이 따르는 신앙생활을 해야 할 것이다.

성서 이해와 적용 – 민수기

> "첫째 날에 헌물을 드린 자는 유다 지파 암미나답의 아들 나손이라"
>
> ─────────────────────────── 민 7:12

12절. 이스라엘 지파의 지휘관들이 유다 지파 지휘관을 필두로 예물을 바친 연유

예수 그리스도께서는 유다 지파의 계보에서 탄생하셨다. 그런데 야곱의 넷째 아들의 후손인 유다 지파를 필두로 각 지파의 지휘관들이 '제단'의 봉헌예식에 예물을 드렸다. 이는 그리스도께서 유다 지파에서 탄생하신 것과 복음과 무관하지 않다. 그렇다면 '제단'의 봉헌예식에 유다 지파를 필두로 각 지파가 예물을 바친 것은 유다 지파와 관련하여 무엇을 뜻하며, 복음과 관련하여 무엇을 적용할 수 있을까?

모든 지파 중에서 예수 그리스도의 계보를 잇는 유다 지파는 이스라엘 중에 가장 영광스러운 위치를 점유했다. 그래서 유다 지파의 지휘관이 드린 봉헌예물을 필두로 봉헌예식이 시작되었다는 것은 유다 지파의 영광을 뜻한다(창 49:8-12). 또 유다 지파를 필두로 각 지파의 봉헌예물의 예식이 진행되었다는 것은 성도들이 부활의 첫 열매가 되신 그리스도의 자취를 좇아 하나님께 나아가게 된다는 적용이다.

따라서 우리는 성경에 나타난 형식의 이면에는 심오한 뜻과 복음이 맞물려 있음을 알고, 이면에서 발견된 심오한 뜻과 복음이 우리의 신앙이 되게 해야 할 것이다.

성막 봉헌에 따른 예물 I 07

"이는 곧 제단에 기름 바르던 날에 이스라엘 지휘관들이 드린 바 제단의 봉헌물이라 은 쟁반이 열둘이요 은 바리가 열둘이요 금 그릇이 열둘이니 은 쟁반은 각각 백삼십 세겔 무게요 은 바리는 각각 칠십 세겔 무게라 성소의 세겔로 모든 기구의 은이 모두 이천사백 세겔이요 또 향을 채운 금 그릇이 열둘이니 성소의 세겔로 각각 열 세겔 무게라 그 그릇의 금이 모두 백이십 세겔이요 또 번제물로 수송아지가 열두 마리요 숫양이 열두 마리요 일 년 된 어린 숫양이 열두 마리요 그 소제물이며 속죄제물로 숫염소가 열두 마리이며 화목제물로 수소가 스물네 마리요 숫양이 육십 마리요 숫염소가 육십 마리요 일 년 된 어린 숫양이 육십 마리라 이는 제단에 기름 바른 후에 드린 바 제단의 봉헌물이었더라"

민 7:84-88

84-88절 가장 많은 화목제물에서 나타내신 성도에 대한 하나님의 마음

이스라엘의 열두 지파 지휘관들이 바친 제단 봉헌예물의 합계는 다음과 같다. 은 쟁반이 12개, 은 바리가 12개, 금숟가락이 12개, 번제물(수송아지 12마리, 숫양 12마리, 1년 된 어린 숫양 12마리, 각종 소제물 포함), 속죄 제물(숫염소 12마리), 화목제물(수소 24마리, 숫양 60마리, 숫염소 60마리, 1년 된 어린 숫양 60마리)을 드렸다.

특히 여러 제사의 제물에서 번제에서는 독생자를 통해서 인류에 대한 하나님의 사랑을 나타냈고, 속죄에서는 이미 시내 산 율법이 주어진 상황에서 제사 드리는 자가 죄를 깨닫고 속죄를 위해 드렸다는 점에서 인간의 죄를 담당하시고 하나님의 진노와 공의의 요구를 충족시키는 그리스도를 나타낸다. 화목제에서는 하나님과 이웃 간에 감사와 친교를 나타낸다. 특히 지휘관들은 감사와 친교를 나타내는 화목제물

성서 이해와 적용 - 민수기

을 가장 많이 바쳤다. 여기에는 성도에게 바라시는 하나님의 마음이 나타나 있다. 그렇다면 가장 많이 바치게 하신 화목제물에서 나타내신 하나님의 마음은 어떤 것이었을까?

화목제는 기름과 콩팥(소, 양)과 기름진 꼬리 부분(양)은 하나님께 화제로 드렸고, 요제(제사장은 제물을 들고 있는 예배자의 손에 자기의 손을 대고 흔들어 바침)로 드려진 가슴 부분은 제사장 공동의 몫으로 돌아가게 했다. 또 거제(제물을 높이 들어 올리는 의식)로 드려진 오른쪽 뒷다리 부분은 제사를 집례한 제사장 몫으로 돌아가게 했다(7:30-34). 그리고 하나님 몫과 제사장 몫을 제외한 나머지 부분은 화목제를 드린 자가 그 가족과 더불어 성막 뜰에서 먹었다.

그래서 가장 많이 바치게 하신 화목제물에서 나타내신 하나님의 마음은 화목제에서 나타났듯이 주의 대속받은 자들이 기뻐하고 감사하며, 하나님과 친교하는 것이다. 또 가장 많이 바치게 하신 화목제물에서 나타내신 하나님의 마음은 하나님과 화평을 이룬 신앙의 발로에서 수평적인 모든 관계, 즉 가족과 이웃에게 주의 사랑을 나타내는 것이다.

따라서 하나님과 화평한 관계를 이룬 우리는 항상 주께 감사하고 기뻐하며, 주 안에서 이웃 간에 화평한 관계를 이루며 섬겨야 할 것이다.

성막 봉헌에 따른 예물 | 07

> "모세가 회막에 들어가서 여호와께 말하려 할 때에 증거궤 위 속죄소 위의 두 그룹 사이에서 자기에게 말씀하시는 목소리를 들었으니 여호와께서 그에게 말씀하심이었더라"
>
> ― 민 7:89

89절 법궤를 덮은 두 그룹 사이에서 모세에게 말씀하신 하나님

'회막'이란 성막의 다른 이름으로(출 25:21) 하나님과 이스라엘 백성 간의 거룩한 만남의 처소라는 뜻이다. 그런데 모세는 성막 안의 깊숙한 곳, 즉 지성소에서 하나님을 만났다.

한편 지성소에는 증거궤, 즉 법궤가 안치되어 있었고 법궤를 덮는 속죄소가 있었다. 또 속죄소 위의 두 그룹이 있었고, 모세는 법궤를 덮은 뚜껑 위 두 그룹 사이에서 자기에게 말씀하시는 하나님의 목소리를 들었다. 그렇다면 법궤를 덮은 속죄소 위의 두 그룹 사이에서 모세에게 말씀하시는 하나님의 목소리에 대한 큐티는?

법궤, 즉 주의 말씀을 담은 상자는 천국의 상징인 지성소에 안치되어 있다. 그런데 말씀은 곧 하나님이시다(요 1:1-3). 이 때문에 말씀은 주의 대속 받은 성도들에게는 구원이지만 불신자들에게는 심판이 된다. 더욱이 말씀은 영적인 생명이다. 그래서 법궤를 담은 상자는 덮개로 덮었고(속죄소), 두 천사가 말씀을 지키는 형상, 즉 두 그룹을 만들어서 속죄소 위에 두었다. 이는 말씀의 생명력과 절대성을 나타내고, 말씀을 떠나서는 성도들의 신앙이 유지될 수 없음을 말한다.

성서 이해와 적용 – 민수기

 따라서 성도는 생명력 있는 신앙의 기반을 위해 항상 말씀을 축적하고 말씀 안에서 하나님의 목소리를 찾고 순종해야 할 것이다.

성서 이해와 적용
민수기 큐티 I

2025년 7월 6일 초판 발행

지은이 | 이미자
발행인 | 이양주, 박희진
펴낸곳 | 도서출판 들림

주 소 | 서울시 성북구 장월로3길12 세종주택 B동 403호
　　　　Tel (02) 912-5612

출판등록 제 307-2006-30호
ISBN 978-89-97013-69-2　　04230
　　　978-89-97013-68-5　　04230 (세트)　정가 18,500원

* 저자와 협의하에 인지는 생략합니다.
* 잘못 만들어진 책은 구입하신 서점에서 교환해 드립니다.
* 지은이와 도서출판 들림 양측의 동의 없이 어떠한 형태로도 전재, 복제할 수 없습니다.